Julia Scharnowski

Starke Jungs brauchen entspannte Eltern

Gelassen durch den Familienalltag

humboldt

INHALT

VORWORT

Liebe Jungsmama, ein wichtiges Wort vorab – oder zwei: Ich bin heute eine vollkommen andere Mutter als ich kinderlos immer angenommen hatte. Ehrlich gesagt hatte ich nicht nur ein konkretes Bild von mir als Mutter im Kopf, ich habe meine Vorstellungen vom Mama-Sein auch liebend gerne laut kundgetan – bevorzugt vor anderen kinderlosen Freunden. Da fachsimpelt es sich doch am besten! Es wollte mir nicht in den Kopf, wie man um seinen Nachwuchs so ein Aufheben machen konnte. Kinder müssen auch einfach mal so mitlaufen, war meine Devise. Konsequent und streng wollte ich sein, damit mir bloß niemand auf der Nase herumtanzt. Dann entschieden sich unsere Zwillingssöhne dafür, in unser Leben zu treten, und stellten unsere komplette Welt und meine Vorstellungen auf den Kopf – zum Glück.

Ich war vom ersten Moment an fasziniert von dem tiefen Bedürfnis, für diese beiden kleinen Jungen da zu sein, sie aufzufangen und voller Liebe in die Welt zu begleiten. Ich war fasziniert von ihrer Willensstärke, von ihrer Hartnäckigkeit, von ihrem Vermögen, vom ersten Moment ihres Lebens klarzumachen, was sie möchten und was nicht. Und ich war schockiert, weil sie so vollkommen anders waren als alles, was ich von Kindern erwartet hatte.

Die Zwillinge wuchsen heran und während andere Mütter entspannt in Cafés und auf Krabbeldecken saßen, hechtete ich zwei Jungen hinterher, die alles wollten und nicht einmal die Hälfte davon konnten. Die Begleiterscheinungen: Jede Menge Frust bei allen Beteiligten und viele Beulen. Sie kletterten auf Stühle, Bänke und Tische ehe sie laufen konnten, sie schliefen bis zu ihrem zweiten Geburtstag nicht ein einziges Mal durch und der Zweitgeborene brüllte sich bereits mit 20 Monaten in einem 45-minütigen Wutanfall in die Trotzphase.

Wilde Jungs brauchen gelassene Eltern

Ich wollte wissen, was diese beiden wilden Kerle brauchen, um sich frei, aber auch sozialkompetent zu entwickeln. Ich merkte schnell, dass ich hier nicht jeden Kampf, in den zu ziehen ich mir ursprünglich vorgenommen hatte, kämpfen kann, dann wären wir alle von früh bis spät nur noch wütend, frustriert und in Tränen aufgelöst gewesen.

Die Zwillinge lehrten mich, zu vertrauen. Sie lehrten mich, althergebrachte Erziehungsstile zu hinterfragen, brachten mich dazu, in die Materie „kindliche Entwicklung" einzutauchen. Zu verstehen, was gerade in ihnen passiert, entschärft nicht augenblicklich jeden familiären Krisenherd. Doch es bringt eine Menge Frieden hinein, weil die Ängste schrumpfen, wenn wir uns informieren.

Ich erfuhr am eigenen Leib, dass Familie unterm Strich nur dann glücklich und zufrieden macht, wenn ich auf mich und meine Kräfte achte. Ich lernte also auch, für mich zu sorgen, damit ich die Mama sein kann, die ich für meine Söhne sein möchte. Ob mir das immer gelingt? – Bei weitem nicht, schließlich bin ich auch nur ein Mensch, eine Mama wie du. Ich habe gute Tage und solche, an denen meine Nerven sich anfühlen, als hätte sie jemand mit einer groben Drahtbürste bearbeitet. Dauerhafte Gelassenheit grenzt schließlich an Leblosigkeit. Doch mittlerweile habe ich viele Strategien entwickelt, mich selbst immer wieder zu stärken. – mental und körperlich. Ich habe gelernt, gut für mich zu sorgen, um unseren Alltag stemmen zu können. Ich habe begriffen, dass meine Selbstfürsorge in meiner Verantwortung liegt. Denn wilde Jungs brauchen gelassene Mütter – und solche, die verstehen möchten, was in ihnen vorgeht.

Auf der Suche nach Antworten und Lösungen bin ich in den vergangenen Jahren auf einige Bücher gestoßen, die in mir ein befremdliches Gefühl hinterließen. Sie lasen sich, als sei der Begriff „Junge" eine Diagnose und das Wesen unseres männlichen Nachwuchses an sich das Problem. Es widerstrebte mir, meine Söhne zu konditionieren und mit strenger Hand zu führen. Das muss doch auch anders gehen, dachte ich mir. Ich wurde und werde nicht müde, Wege zu finden, stets unsere Beziehung in den Vordergrund zu stellen, uns eine gute gemeinsame Basis zu schaffen, die mich nicht vollkommen auslaugt, die meinen Söhnen gleichermaßen Halt und Freiraum gibt. Ich erlebe, dass es sich auszahlt und sie sich zu mitfühlenden, sozialen Menschen entwickeln, ohne dabei sich selbst zu verlieren.

Ob das immer einfach und friedvoll ist? Nein, aber unser Leben ist eben wie unser Herzschlag: ein Auf und Ab, denn mit dem Gleichmaß kommt die Nulllinie und es ist vorbei. Gemeinsam mit den Kindern entwickelt sich auch meine Erziehung immer weiter. Es gibt keine universellen Lösungen, denn jedes Kind ist einzigartig. Genauso wenig möchte ich strenge Kategorien wie „typisch Junge“ und „typisch Mädchen“ eröffnen, denn all unsere kleinen Individuen lehren uns jeden Tag, dass diese nicht greifen. Gleichwohl neigen viele Jungen zu körperlicher Wildheit, starken Gefühlen, hoher Energie – und vor allem zu hoher Lautstärke.

Das ist nichts für Jungs

Wir leben bedingt durch Medien und Gendermarketing in einer Gesellschaft, die sehr schnell Schubladen für gewisse Verhaltensweisen und Vorlieben bereithält. Vielleicht ist es bei euch zu Hause so, dass dein Sohn nicht nur Autos und Bagger besitzt, sondern auch mit Puppen und einer Kinderküche spielt – oder diese zumindest zur Verfügung hat. Euer Kleiderschrank hält nicht nur vermeintliche „Jungsfarben“ bereit, sondern zeigt deinem Sohn, dass er jede Farbe tragen kann, die ihm gefällt, – prima!

Leider ist das nicht in allen Familien so und spätestens in der Kita kommen von anderen Kindern garantiert Kommentare wie „Das ist doch nichts für Jungs“. Insbesondere die ältere Generation denkt auch noch oft in derartigen Kategorien und hält damit zuweilen nicht hinter den Berg. Ich möchte dich dazu ermutigen, dich selbst dagegen resistent zu machen und deinen Sohn weiterhin darin zu bestärken, den Vorlieben und Interessen zu folgen, die ihm belieben.

Meine Söhne lieben Pink, Glitzer, Einhörner und Nagellack ebenso wie Feuerwehrautos, Bagger und all das, was wir schnell als typischen

Jungskram bezeichnen. Sie folgen dabei dem, was sie zu Hause und in ihrem Umfeld erleben, und mein Mann und ich sind bemüht, sie darin nicht zurechtzustutzen, sondern ihnen größtmögliche Freiheit zu ermöglichen. Sie sind außerdem wild und laut, aber eben auch zart, sanft und liebevoll.

Ich bin davon überzeugt, dass es keinen Einfluss auf ihre Männlichkeit hat, wenn sie rosafarbene Haarspangen tragen und Schuhe in Lila bevorzugen. Es stellt sich ja ohnehin die Frage, was Männlichkeit und Weiblichkeit überhaupt ausmacht und wer diese Regeln macht. Darüber hinaus tragen wir alle – egal, ob Frauen oder Männer – immer beide Anteile in uns. Wir brauchen sie und sollten sie nicht bekämpfen. Weder bei uns noch bei unseren Söhnen.

Schauen wir nicht auf unsere Vorstellungen davon, wie Jungen angeblich sind, konzentrieren wir uns lieber darauf, was sie brauchen, um zu selbstbewussten, mitfühlenden Männern heranzuwachsen. Denn Jungen sind nicht das Problem. Es kann passieren, dass unsere Gesellschaft sie zu einem Problem macht, weil sie ihnen nicht das bietet, was sie brauchen: liebevolle Begleitung, starke Vorbilder, Freiheit und Halt – so wie alle Kinder.

Das erwartet dich in diesem Buch

Dieses Buch soll für dich vor allem praktisch sein. Deshalb orientiert sich sein Aufbau an einem durchschnittlichen Tagesablauf, der natürlich von dem in deiner Familie abweichen kann. Wir schauen gemeinsam auf die Situationen, die dich den letzten Nerv kosten können, ergründen, was dahinter stehen kann und blicken auf alltagserprobte Lösungsvorschläge, die alle aus dem Lebensumfeld von Jungen und ihren Familien stammen.

Ich wünsche dir, dass dieses Buch dir dabei hilft, die Spannung aus deinem Alltag zu nehmen, ihn also zu entspannen und die Beziehung zwischen dir und deinem Sohn zu vertiefen, damit ihr später gemeinsam in eine Schatzkiste vieler wunderschöner Lebensmomente blicken könnt.

DER MORGEN

Der Morgen hat jede Menge Potenzial für kleine Krisen und mittelschwere Dramen. So viele Faktoren spielen für den Start in den Tag eine Rolle. Wie hast du geschlafen? Wie oft wurdest du vielleicht nachts von deinem Kind geweckt? Was für ein Typ Mensch bist du und wie ist der Rest deiner Familie gestrickt? Bist du eine Lerche, die schon bei Tagesanbruch leichtfüßig aus dem Bett flattert und fröhlich zwitschernd das Frühstück vorbereitet, oder hast du den Charakter einer Eule, die bis spät in die Nacht wachbleiben, die ihre Augen morgens aber nur mithilfe zweier Streichhölzer offen halten kann? – So unterschiedlich sind die Voraussetzungen für einen halbwegs glatten Start in den Tag, so viele Faktoren haben Einfluss auf die Stimmung – auch auf die deines Sohnes.

Je bewusster dir deine eigenen Charakterzüge und Bedürfnisse, aber auch die deines Kindes sind, desto besser kannst du dich auf den Start in den Tag vorbereiten – gleichwohl wir Mütter ja eines wissen: Mit der Planbarkeit ist es im Familienalltag so eine Sache. Deswegen empfehle ich dir, zwar die Eckpfeiler des Morgens grob zu stecken, aber ausreichend Luft zu lassen für die Dinge, die einfach passieren. Für vergessene Hausaufgaben, verschwundene Lieblingskuscheltiere, verweigerte Socken und umgestürzte Milchbecher. Oft läuft es am glattesten, wenn du ein wenig locker lässt, wenn du nicht auf der festen Abfolge der Dinge, die zu tun sind, bestehst, sondern deinem Sohn Vertrauen und Entscheidungsspielraum schenkst. Kinder spüren es, wenn wir ihnen etwas zutrauen und wachsen daran enorm. Und: Spielt es wirklich so eine große Rolle, ob sich ein Kind zuerst anzieht und dann frühstückt oder umgekehrt?

Häufig sind es unsere Erwartungen, unsere inneren To-do-Listen, die uns das Leben schwer machen und Druck erzeugen. Diesen Druck geben wir oft eins zu eins weiter und bekommen dann postwendend vom Nachwuchs den Spiegel vorgehalten. Ich weiß, wie stressig es ist, wenn man morgens pünktlich an der Kita, der Schule und bei der Arbeit sein muss. Wir tun uns einen riesigen Gefallen, den Morgen so zu gestalten, dass er uns langfristig nicht komplett den letzten Nerv raubt und wir noch ausreichend Kraft für den Rest des Tages haben. Wie du so gut wie möglich mit deinem Sohn durch das wilde Gewässer eines Morgens mit all seinen Untiefen kommst, das schauen wir uns jetzt an. Denn wo eine Krise ist, ist auch eine Lösung.

Sorge für deinen guten Start in den Tag

Das, was das Elternleben oft so anstrengend macht, ist, dass wir meistens sehr reaktiv sein müssen. Das heißt, wir stehen permanent unter Beschuss von Bedürfniseinforderungen. „Mama", „Papa" – so sehr wir es lieben, so genannt zu werden, mal Hand aufs Herz: Zuckst du nicht auch an manchen Tagen irgendwann innerlich zusammen, wenn dein

Sohn schon wieder nach dir ruft? Denn auf der einen Seite tust du bereits zum zigsten Mal etwas, um es ihm recht zu machen, auf der anderen Seite weißt du genau, dass es damit nicht getan sein wird und schon bald die nächste Forderung oder Krise wartet. Reaktiv sein zu müssen bedeutet in diesem Zusammenhang, dass du auf Reize und Anforderungen von außen reagieren musst, ohne wirklich eine Wahl zu haben. Das ist ziemlich anstrengend und kraftraubend. Und mitunter ein Grund dafür, warum wir Eltern uns oft morgens um 9 Uhr schon fühlen wie nach einem Halbmarathon. Das geht direkt von unserem Energiekonto ab, das in der Regel im Familienleben ohnehin nicht prall gefüllt ist. Es hat einen guten Grund, warum du im Flugzeug dazu angehalten wirst, im Notfall erst dir selbst eine Atemmaske aufzusetzen, bevor du anderen hilfst – auch deinem Kind. Wenn dir nämlich die Puste ausgeht, weil du zu wenig auftankst, ist niemandem gedient. Sorge für dich! In deinem Sinne und für deine Familie. Dazu gehört, dass du dir morgens ein wenig Luft verschaffst, um dich zu sammeln, um bei dir anzukommen, bevor du für andere da bist.

Alle sind fit, bevor du richtig wach bist

Du schlägst gerade erst die Augen auf und schon hörst du nur „Mama, Mama, Mama!“ Du sollst Frühstück servieren, Spielsachen anreichen und helfen, nach verschollenen Schulheften zu suchen, die dein Sohn nicht findet. Noch bevor du selbst überhaupt Socken anhast, befindet sich dein Puls schon im oberen Bereich, deine Zähne mahlen aufeinander, damit du nicht gleich jemanden anblaffst und du hast schon den ersten Schweißausbruch.

Sich im morgendlichen Hürdenlauf gut um sich selbst zu kümmern, die Stimmung des Nachwuchses abzufangen und ruhig und geduldig zu bleiben, ist manchmal schier unmöglich. Aber so ein chaotischer Start in den Tag ist unschön für alle Beteiligten und gibt dir keine Kraft für deine Aufgaben – im Gegenteil. Am Ende fragst du dich, welche Lawine gerade über dich hinweggetobt ist und wie es dir nur jemals gelingen soll, halbwegs gesammelt in den Tag zu kommen.

Hole dir Kraft für den Tag – am besten alleine

Verschaffe dir einen Vorsprung. Stehe früher auf als alle anderen, mindestens aber als dein Sohn bzw. deine Kinder. Wenn du es so einrichtest, dass du am Morgen schon 30 Minuten bis eine Stunde für dich hattest, beginnst du deinen Tag unter komplett anderen Voraussetzungen, versprochen!

Routinen und Rituale geben nicht nur deinem Kind Sicherheit und Struktur. Auch dir helfen sie, bei Kräften zu bleiben. Finde heraus, was dir morgens guttut, was du brauchst, um einen Morgen zu verleben, an dem du das Maß an Geduld und Ruhe hast, das dein Sohn von dir fordert – und ich bin mir sicher, das ist oft viel.

DAS ENTSPANNT DICH – ACHTSAM IN DEN TAG STARTEN

Starte mit einer kleinen geführten Meditation oder Achtsamkeitsübung in den Tag. Das ist längst nicht mehr nur ein Mittel für Menschen, die nach Erleuchtung streben. Es ist wissenschaftlich erwiesen, dass Meditieren genauso Stress abbauend wirkt wie Sport – wenn das keine gute Nachricht ist! Es gibt zahlreiche Apps mit kostenlosen Angeboten. Ich garantiere dir, wenn du einfach ein paar Minuten ruhig auf deinen Atem und deinen Körper geachtet hast, bist du schon nach kurzer Zeit viel gesammelter und energiegeladener.

Mache vielleicht ein paar Dehnübungen, um deinen Körper zu wecken. Trinke in Ruhe einen Kaffee oder Tee, freu dich über eine Zeit im Bad, in der noch niemand die Tür aufreißt und etwas von dir möchte. Vielleicht liest du ein paar Zeilen, schreibst auf, wofür du in deinem Leben dankbar bist oder du guckst einfach nur ein paar Minuten aus dem Fenster. Was auch immer dir Kraft gibt, mache es zu einer Gewohnheit. Das ist das feste Fundament deines Tage, das dich die Stürme mit deinem Sohn viel gelassener überstehen lässt.

Und wenn es mal einen Morgen nicht klappt? Auch nicht schlimm, dann eben wieder am nächsten. Am leichtesten fallen uns allerdings die Dinge, die wir tun, ohne großartig darüber nachzudenken. Schon nach wenigen Wochen wird deine Morgenroutine zu einer festen Gewohnheit geworden sein.

Mach dir klar, wie groß der Gewinn ist, wenn du einmal damit haderst. Gehe abends etwas früher schlafen, lege dir deine Sachen raus, damit du morgens nicht lange herumwurschteln und darüber nachdenken musst. Beginne beispielsweise mit 10 bis 15 Minuten, die du am Morgen für dich allein nutzen kannst, indem du vor deinem Sohn aufstehst. Du kannst diesen Zeitraum nach Belieben ausbauen. Gehe fünf Minuten in dich, nimm deinen Körper und deine Gedanken wahr, ohne ihnen nachzuhängen. Nimm in Ruhe ein paar tiefe Atemzüge vor dem offenen Fenster und dann aktiviere deinen Körper. Schon nach wenigen Tagen wirst du eine Veränderung merken, viel strukturierter in den Tag starten und die Launen deines Sohnes wesentlich besser abfangen können.

So profitiert dein Sohn von deiner Morgenroutine

Dein Sohn kann von deiner Morgenroutine nur profitieren. An vielen Tagen hat er in dir dadurch ein viel gelasseneres Gegenüber. Er lernt außerdem ganz nebenbei, dass es wichtig ist, für sich zu sorgen, Dinge zu tun, die einem guttun, herauszufinden, was einem Kraft gibt. Erkläre deinem Sohn ruhig, dass du früher aufstehst und warum. Erzähle ihm, dass du es schön findest, morgens Dinge für dich zu erledigen, die dir helfen, dich wohlzufühlen. Wir alle wünschen uns Kinder, die gut auf sich achten und einen hohen Selbstwert entwickeln. Der einfachste Weg dahin ist, das wir es ihnen vorleben und ebenfalls achtsam und wertschätzend mit uns umgehen.

Neuer Raum für gemeinsame Momente

Wenn du deinen Tag damit startest, etwas für dich und dein Wohlbefinden zu tun, kannst du ganz anders auf deinen Sohn reagieren. Du hast viel mehr Energie, eure gemeinsame Zeit am Morgen zu gestalten und nicht einfach nur zu reagieren. So wird der Morgen nicht einfach nur zu einer Aneinanderreihung von Pflichten und Erledigungen, die du abarbeiten musst. Es entsteht Raum für kleine gemeinsame Momente, in denen ihr einander wirklich seht und wahrnehmt. Das sind vielleicht nur ein paar entspannte Minuten am Frühstückstisch oder beim Anziehen. Aber das sind die Momente, in denen ihr wirklich beieinander seid und von denen ihr zehren könnt, in denen ihr beide auftankt und die ihr mit in den Tag nehmt.

Schlechte Laune am Morgen

Du musst deinen Sohn wecken, bekommst ihn zunächst kaum wach, aber mit dem ersten Wimpernzucken schlägt dir augenblicklich nur Genörgel und geballte schlechte Laune entgegen. Tränen fließen, du wirst unfreundlich als „doofe Mama“ tituliert, dein Sohn will nicht aufstehen und in die Kita oder die Schule schon mal gar nicht. Oder dein Sohn ist vielleicht von alleine aufgewacht, aber die Stimmung ist schon schlecht, bevor er überhaupt einen Fuß aus dem Bett gesetzt hat. Kennst du das auch?

Jeder braucht ausreichend Schlaf

Vielleicht ist dein Sohn von Natur aus eher ein Langschläfer. Es ist aber auch gut möglich, dass ihm bei einem schlechten Start in den Tag einfach ein wenig Schlaf fehlt, weil er abends später ins Bett geht, als es seinem Rhythmus guttut. Langfristig kannst du einen Blick auf eure Bettgeh-Gewohnheiten werfen und schauen, ob dein Kind dauerhaft ausreichend Schlaf bekommt oder ob es sinnvoll sein kann, dafür zu sorgen, dass es abends etwas früher zur Ruhe kommt.

Soforthilfe leistest du jetzt, wenn du erstmal tief durchatmest und versuchst, es hinzunehmen wie es ist. Jeder hat mal einen schlechten Tag und Kinder zeigen ihre Stimmungen viel impulsiver und ungefilterter als Erwachsene. Das ist zwar anstrengend, aber vollkommen normal. Du bist als Mama dann leider oft das Ventil, weil sich dein Sohn bei dir am sichersten fühlst – welch Ehre und Bürde zugleich!

Sanfter Start in den Tag, statt Streit im Morgengrauen

Sorge für einen langsamen Start in den Tag. Wir alle reagieren gereizt, wenn wir aus dem Tiefschlaf gerissen werden. Öffne die Kinderzimmertür, während du schon in der Küche werkelst, damit die Geräusche deinen Sohn langsam in den Tag holen. Ziehe die Vorhänge ein wenig zurück oder die Jalousie ein Stückchen nach oben. Denn das Tageslicht hilft ganz natürlich beim Wachwerden. Schlummert dein Langschläfer immer noch tief und fest, leg dich an seine Seite und kuschele ihn langsam wach und sprich leise mit ihm. Die Nähe kann deinem Sohn außerdem helfen, etwas aufzutanken, was ihn auch kooperativer für den Rest des Morgens machen kann.

Es ist Zeit für den eigenen Wecker

Wenn dein Sohn schon etwas älter ist, kann es ihm morgens auch enorme Schubkraft verleihen, wenn er selbst Verantwortung für das pünktliche Aufstehen übernimmt, indem er einen Wecker bekommt. Wecker finden die meisten Kinder enorm interessant und spannend. Es gibt etliche kindgerechte und originelle Modelle, die deinen Sohn dabei unterstützen, morgens motiviert aus den Federn zu hüpfen. Selbst Verantwortung zu übernehmen, wird ihn zudem stolz machen und stärken. In letzter Instanz kannst du selbst ja ein Auge darauf haben, dass er es auch tatsächlich zeitig aus dem Bett schafft – zum Beispiel, indem der Wecker nicht direkt neben seinem Kopfkissen steht und er ohnehin aufstehen muss, um ihn auszustellen.

Sprecht über Gefühle und Bedürfnisse

Reagiere so gelassen wie möglich auf die schlechte Laune deines Sohnes. Das ist nicht immer leicht, zeigt deinem Kind aber: Es ist okay, wenn du nicht gut drauf bist. Ich nehme dich so an wie du bist und deine Gefühle dürfen sein, ich halte sie aus. Gleichwohl kannst du klarmachen, dass du freundlich behandelt werden möchtest. So zeigst du deinem Sohn, dass du für ihn da bist und seine Laune akzeptierst, aber auch gleichzeitig auf deine Grenzen achtest und sie wahrst. Sprich mit ihm auch darüber. Oft vergessen wir, unseren Kindern zu erklären, wie wir uns fühlen und was wir uns wünschen.

DAS STÄRKT EUREN ALLTAG – FINDE EIN GEMÜTLICHES MORGENRITUAL

Jeder Mensch zieht einen Teil seines Selbstwerts aus der Nähe, die ihm andere Menschen geben. Auch Söhne brauchen diese körperliche Zuwendung besonders, sind aber oft tagsüber viel zu beschäftigt und zu aktiv, um sie sich immer einzufordern. Manchmal fällt es gerade kleineren Kindern auch schwer, zu benennen und auszudrücken, was sie brauchen. Schlechte Stimmung kann ein Anzeichen dafür sein. Kleine Nähe-Inseln, wie zum Beispiel morgens beim Aufwachen können den Nähe-Tank deines Kindes auffüllen. Macht es euch zur Gewohnheit, die ersten Minuten des Tages gemeinsam zu verbringen. Sorge dafür, dass ihr genug Zeit habt, noch ein paar Minuten miteinander zu sprechen, eine kleine Geschichte aus deiner Kindheit zu erzählen, ein Aufwach-Buch zu lesen oder Schatten an der Wand zu beobachten. Ihr könnt den Tag besprechen oder über das reden, was dein Sohn geträumt hat. Entwickelt euer kleines gemeinsames Morgenritual. Das muss nicht länger als ein paar Minuten dauern, schafft aber die Grundlage für einen entspannteren Morgen.

Auch wenn es nicht sofort Wirkung zeigt, lernt dein Kind so, dass es normal ist, über Gefühle und Bedürfnisse zu sprechen und dass es wichtig ist, diese für sich selbst und bei anderen zu achten. Auch kleinere Kinder verstehen schon sehr gut, was wir meinen, selbst wenn sie es sprachlich noch nicht zum Ausdruck bringen können.

Empathie ist eine Fähigkeit, die jahrelange Entwicklung braucht und die Fähigkeit voraussetzt, dass dein Sohn deine Perspektive einnehmen kann. Diese Fähigkeit entsteht zwischen dem fünften und dem neunten Geburtstag. Du kannst diese Entwicklung unterstützen, indem du deinem Sohn erklärst, wie du dich fühlst, wenn er motzig mit dir spricht, und ihn fragst, wie er sich fühlt, wenn du so mit ihm redest.

Kein Kleidungsstück ist richtig

Die Hose kneift, der Pulli kratzt, das T-Shirt ist doof, die Socken sind zu klein. An manchen Morgen hast du das Gefühl, du müsstest neue Kleidungsstücke für deinen Sohn erfinden, weil er an allen, die du ihm anbietest, etwas auszusetzen hat. Vielleicht hat er aber auch überhaupt keine Lust, sich anziehen zu lassen, wehrt sich mit Händen und Füßen, weil er einfach andere Pläne hat.

Kinderhaut ist empfindlich

Viele Kinder sind tatsächlich sehr empfindlich, was die Materialien auf ihrer Haut angeht. Jeans empfinden sie als sehr starr und einengend, Nähte reiben, winzige Fusselknötchen in den Socken drücken unterm Fuß usw. Das ist nervig und anstrengend für euch beide, aber es gibt Auswege.

Prüft Kleidung gemeinsam auf Gemütlichkeit

Schau gemeinsam mit deinem Sohn, welche Kleidungsstücke aus seinem Schrank er gemütlich und angenehm findet. Das nimmt vielleicht ein wenig Zeit in Anspruch, hilft dir aber zu erkennen, was ihn nervt und was er gut tragen kann sowie eine Auswahl zu treffen. Du kannst auch in Etappen vorgehen, wenn dein Sohn keine Lust hat, alles auf einmal durchzugehen. Achte darauf, dass du dafür einen Moment erwischst, in dem ihr beide entspannt seid.

Lass ihn bei Neukäufen die Kleidungsstücke anprobieren und entscheiden, ob sie sich gut anfühlen. Nach kurzer Zeit wirst du außerdem genau wissen, welche Materialien, Nähte und Knöpfe an welcher Stelle schwierig sind, und welche funktionieren.

Mit dieser gemeinsamen Aktion zeigst du deinem Sohn, dass du ihn ernst nimmst und dass seine Empfindungen eine Rolle für dich spielen. Du beziehst ihn ein, übergehst ihn nicht und er spürt deine Bereitschaft, dich auf das einzulassen, was er braucht und möchte. Es sind genau diese Gesten, die Kindern Selbstsicherheit und ein starkes

Selbstwertgefühl geben. Er erfährt, dass er wichtig ist und dass seine Empfindungen eine Rolle spielen.

Anziehen dauert mal wieder ewig

Dein Sohn übt sich gerade darin, sich komplett alleine anziehen. Du stehst daneben, darfst nicht helfen und zählst innerlich schon langsam von zehn runter, weil du weißt, dass der Wutanfall deines Sohnes bereits vorprogrammiert ist. Theoretisch könntet ihr noch Stunden so zubringen, allerdings wird die Zeit allmählich knapp.

Große Emotionen auf dem Weg in die Selbstständigkeit

Herzlichen Glückwunsch, dein Sohn ist gerade auf der Expedition zu seinen eigenen Fähigkeiten und wild entschlossen, Dinge des alltäglichen Lebens auf eigene Faust zu erledigen! In dieser Phase erlebt er tagtägliche zahllose Frustrationen, denn die meisten alltäglichen Handlungen und Abläufe erfordern eine Menge Übung. Kleine Kinder erleben ihre Gefühle intensiv und ungebremst. Wenn dein Sohn also wütend ist, weil sein Arm im Unterhemd festhängt oder der Strumpf einfach nicht über seinen Fuß rutschen will, dann ist er es durch und durch. In diesem Moment übernimmt der emotionale Teil seines Gehirns und er hat keinen Zugriff mehr auf die Vernunft, die ohnehin noch im Reifungsprozess ist. Eine schwierige Mischung, die dir als Mama gerade ganz schön das Leben schwer machen kann – insbesondere, wenn der kleine Wüterich selbst inmitten der größten Kleidungskrise weder Trost noch Hilfe möchte.

Bleibe gelassen und sorge vor

Zu wissen, was in deinem Sohn gerade vor sich geht, kann bei dir schon einiges an Stress abbauen. Dennoch bleiben diese Situationen schon allein wegen der Lautstärke und der Zeit, die sie mitunter beanspruchen können, anstrengend. Achte während dieser Phase gut auf dich. Wenn du dir deine kleinen Ruhe-Inseln im Alltag schaffst und morgens schon ein bisschen Zeit für dich hattest, fällt es dir leichter, ruhig und gelassen zu bleiben.

Plane genug Zeit ein, damit dein Sohn sich selbstständig anziehen kann. Einen großen Vorteil verschaffen euch unkomplizierte Kleidungsstücke: Shirts und Pullis mit großzügigem Ausschnitt, Hosen mit Gummizug und Strumpfhosen ohne Füße sind für kleine Hände, die noch Übung in Sachen Motorik brauchen, wesentlich leichter zu bändigen. Wenn dein Sohn einmal eine Hose oder ein Shirt auf links oder verkehrt herum angezogen hat – was soll's? Das sind Trophäen der Selbstständigkeit, die dein Kind wenig stören werden, weil es so stolz ist, es alleine geschafft zu haben.

Vielleicht ist dein Sohn auch bereit, sich helfen zu lassen, wenn du ihn in einem ruhigen Moment danach fragst. Dann könnt ihr euch das Anziehen aufteilen und du erklärst, dass du nur hier und da einen Ärmel anreichst oder ein Hosenbein straffziehst. Einige Kinder können sich auf solche Vorschläge einlassen, wenn sie im Vorhinein abgesprochen werden.

DAS STÄRKT DEINEN SOHN – LASS ES IHN SELBST TUN

Schenke deinem Sohn Anerkennung für seinen Willen zur Selbstständigkeit und lass ihn üben und ausprobieren – auch wenn manche Kleidungskombinationen in Erwachsenenaugen vielleicht nicht stimmig sind. Dein Sohn spürt es, wenn du ihm etwas zutraust und seine Eigenständigkeit unterstützt. Daran wächst sein Selbstbewusstsein. Er muss nicht für jeden Strumpf, den er alleine bezwungen hat, überschwänglich gelobt werden. Das ist es nicht, was Kinder erwarten und was ihnen auf Dauer guttut. Kinder wünschen sich, gesehen und wahrgenommen zu werden. Wenn du ihm rückmeldest „Du hast dich alleine angezogen" oder „Du hast es ohne meine Hilfe geschafft", ist das für deinen Sohn eine tolle Anerkennung, die ihn stolz macht. Ermutige ihn, wenn er frustriert ist. Sage ihm, dass du seinen Ärger gut verstehen kannst und es dich auch wütend macht, wenn etwas nicht klappt, dass es aber immer einfacher wird, wenn er übt.

Schwierigkeiten mit dem Anziehstart

Dein Sohn kann sich schon alleine anziehen, aber beginnt einfach nicht damit, während du dich allmählich fragst, wann du dir wohl den Mund fusselig geredet haben wirst, weil du ihn Morgen für Morgen unentwegt antreiben musst. Du bist es leid, dich jeden Tag wiederholen zu müssen oder nur mit Druck und „Wenn-dann"-Sätzen zu arbeiten, weil sich das ziemlich schlecht auf die Stimmung aller Beteiligter auswirkt.

Deine Unterstützung lässt ihn auftanken

Vielleicht ist dein Sohn einfach noch nicht richtig wach und braucht noch Zeit, um im Tag anzukommen. Manche Kinder sind erst nach dem Frühstück in der Lage, sich auf das Anziehen zu konzentrieren – eine Sache, die uns Erwachsenen total belanglos erscheint und die schnell gemacht ist. Von Kindern erfordert sie aber ein weitaus höheres Maß an Energie und Fokus, also müssen Kopf und Körper entsprechend munter sein. Jedes Kind hat außerdem verschiedene Wege, sich von seinen Eltern geliebt und anerkannt zu fühlen. Vielleicht tankt dein Sohn sich mit diesen Gefühlen auf, wenn du ihn unterstützt und er dadurch deine Liebe spürt. Darüber hinaus bekommt er so auch noch körperliche Nähe. Eigentlich sind das sehr kluge Strategien, die uns aber morgens in den Wahnsinn treiben können.

Druck rausnehmen und erst etwas anderes tun

Du hast vermutlich den Zeitplan im Kopf und bist morgens genau wie ich froh um jede Aufgabe, hinter die du mental einen Haken setzen kannst. Erfahrungsgemäß reagiert dein Sohn auf Druck und Antreiben aber eher mit Entschleunigung und wird das Anziehen noch länger hinauszögern. Vielleicht spielt er sich erstmal ein bisschen wach, frühstückt etwas und zieht sich dann an. Du kannst zwischenzeitlich immer mal wieder nachfragen, ob er jetzt bereit dazu ist.

EXTRA-TIPP: FREIHEITEN GEWÄHREN

Jedes Kind ist grundsätzlich bereit dazu, mit uns zu kooperieren. Kleine Freiheiten steigern diese Bereitschaft enorm und entstressen auf Dauer den Alltag.

Anziehen muss nicht zu Hause stattfinden

Wenn bei deinem Vorschulkind einen Morgen lang mal gar nichts zu machen ist, was spricht dagegen, es in der Kita anzuziehen? Meist sind die Kinder dort anfangs so damit beschäftigt, den Raum und die anderen Menschen wahrzunehmen, dass sie sich dort problemlos in ihre Klamotten stecken lassen. Vermeide es, daraus ein großes Thema zu machen oder deinen Sohn damit bloßzustellen. Denn es ist nichts Peinliches daran, im Schlafanzug irgendwo zu erscheinen. Das sind gesellschaftliche Maßstäbe, aber nicht die Empfindungen von Kindern. Geben wir ihnen Raum und Zeit, dort hineinzuwachsen.

Niemand lacht darüber, wenn ein Kind im Pyjama in die Kita kommt, oder wenn du die Kleidungsstücke einfach einpackst und dein Sohn sich unterwegs, im Auto oder vor Ort anzieht. Ihr seid eben wegen des Spielens einfach noch nicht dazu gekommen. Das zeigt, wie wichtig euch Freiraum in der Familie ist, dass ihr in der Lage seid, spontan zu reagieren und auch mal ein Auge zuzudrücken. Vermutlich wird dein Sohn trotzdem später komplett bekleidet in der Schule oder bei der Arbeit erscheinen, weil du es ihm vorlebst.

DAS STÄRKT DEINEN SOHN – GIB IHM RAUM

Oft setzen wir künstliche Grenzen, weil wir Angst haben, unsere Kinder könnten später ein Verhalten an den Tag legen, das gesellschaftlich nicht akzeptiert ist. Allerdings ist Angst in der Regel ein schlechter Berater, und Grenzen gibt es im Familienalltag sowieso immer wieder ganz naturgemäß. Wenn du dir Machtkämpfe so oft wie möglich ersparst und deinem Sohn etwas Raum gibst, macht er eine wichtige Erfahrung: Er wird geachtet und darf im Rahmen der Möglichkeiten selbst mitbestimmen.

Ungemütliche Alltagskleidung und eigene Schönheitsideale

Kinder sind ausgesprochen pragmatisch und viel tiefer mit ihren Bedürfnissen verbunden als die meisten Erwachsenen. Möglicherweise fällt es deinem Sohn fürchterlich schwer, seine kuscheligen und warmen Schlafsachen gegen die kühle und etwas ungemütlichere Alltagskleidung zu tauschen. Vielleicht gefallen deinem Sohn aber auch einfach die Kleidungsstücke nicht, die du ausgesucht hast, so klein uns Kinder oft erscheinen, sie wissen schon sehr früh, was sie wollen.

Wenn die Kleidung zu kalt ist

Leg die Anziehsachen morgens einen Moment auf die Heizung – wenn es die Jahreszeit zulässt. Dein Sohn wird das Gefühl mögen, in eine vorgewärmte Hose zu steigen. Ein praktischer Nebeneffekt: Wenn er möchte, dass er die Wärme noch richtig spürt, muss er sich mit dem Anziehen ein wenig beeilen und wird damit ziemlich schnell fertig sein.

Wenn die Kleidung nicht gefällt

Vielleicht hast du eine andere Vorstellung davon, wie dein Sohn sich kleiden sollte und was schön ist. Versuche Abstand von dem Gedanken zu nehmen, dass etwa das Shirt stets zur Hose passen oder alles farblich aufeinander abgestimmt sein muss. Sieh es doch einmal so: Es ist toll, dass dein Kind bereits weiß, was ihm gefällt und was es möchte. Bestärke es darin.

! EXTRA-TIPP: ANZIEHKISTE BEFÜLLEN

Lass deinen Sohn seine Anziehsachen am Abend vor dem Schlafengehen selbst aussuchen. Ihr vereinbart, dass er sich selbst entscheidet und damit festlegt. Wenn dein Sohn dazu keine Lust hat, ist es Teil der Vereinbarung, dass du dann Sachen heraussuchst, die er im Gegenzug ohne Gemotze anzieht. Legt die Sachen gemeinsam in eine Box, die du oder dein Sohn sich am nächsten Morgen schnappt, so dass schon alles bereit liegt und die Kiste auch zum Zeichen der Entscheidung und des Anziehprozesses wird. Das funktioniert auch schon bei jüngeren Kindern erstaunlich gut.

Wenn die Reihenfolge beim Ankleiden unklar ist

Socken, Unterwäsche, T-Shirt, Hose – wir Erwachsenen ziehen uns mit schlafwandlerischer Sicherheit in der richtigen Reihenfolge an. Kleineren Kindern fehlt diese Logik oft noch. Weil sie überfordert sind, dauert das Anziehen entweder eine gefühlte Ewigkeit oder sie fangen erst gar nicht damit an, weil es sie frustriert.

Mach ein Spiel daraus! Lege eine Anziehstraße aus den einzelnen Kleidungsstücken. Die einzelnen Stationen wie Unterhose, Unterhemd, Shirt usw. führen deinen Sohn vom Bett – wo er den Schafanzug auszieht – bis ins Badezimmer. Wenn dein Kind morgens duscht, beginne mit der ersten Station im Badezimmer und ende in der Küche. Auch ältere Kinder haben Spaß an diesem Spiel.

Alternativ kannst du auch eine kurze Anziehgeschichte erzählen und bei jedem Kleidungsstück erlebt der Protagonist ein kleines Abenteuer mit der jeweiligen „Klamotte“.

DAS STÄRKT EUREN ALLTAG – DENK MAL UM DIE ECKE

Oft erleichtert es den Familienalltag enorm, einmal kurz um die Ecke zu denken und zu überlegen, ob man die Problemsituation nicht spielerisch und kreativ lösen kann, anstatt Tag für Tag auf Konfrontation zu gehen. Das raubt dir nur die Nerven und drückt die Stimmung. Wenn du und dein Sohn es hinbekommen, nervige Angelegenheiten wie das Anziehen kreativ anzugehen, gibt euch das nicht nur viel mehr Leichtigkeit. Ihr schafft euch durch Dinge wie die Anziehstraße kleine gemeinsame Momente, die euch Freude bereiten und euch zusammenschweißen. Denn das sind die Details, an die sich unsere Kinder auch später noch erinnern.

Frühstücksnörgler und Essensverweigerer

Kaum sitzt ihr am Frühstückstisch, geht das Genörgel los: „Ich wollte gar kein Brot!“ Der Aufschnitt ist falsch, der Joghurt zu flüssig und eigentlich sollte es doch lieber Marmelade anstatt Käse sein. – Familien-Mahlzeiten können Eltern schier um den Verstand bringen. Das Frühstück ist dafür besonders anfällig, weil wir dann leicht unter Zeitdruck geraten, denn wochentags rücken Schulstart oder Kita- und Arbeitszeiten mit jeder Diskussion und Trödelei unaufhaltsam näher. Kennst du das auch?

Wenn nichts schmeckt und alles falsch ist

Dein Sohn kann sich nicht entscheiden, was er essen möchte. Er nörgelt an allem herum, was du zubereitest, jeder Vorschlag, den du ihm machst, stößt auf Ablehnung.

Keep it simple: Ist die Auswahl zu groß, fällt es Kindern schwer, sich zu entscheiden. Stelle bei kleinen Kindern höchstens zwei Beläge zur Auswahl oder lasse z. B. nur zwischen Müsli und Brot entscheiden. So vermeidest du es, deinen Sohn zu überfordern.

Macht gemeinsam einen Essensplan

Setzt euch in einem ruhigen Moment zusammen und besprecht, was es zum Frühstück geben könnte und was deinem Sohn schmeckt. Entwerft zusammen einen kleinen Essenswunschzettel, auf dem ihr Speisen und Kombinationen festhaltet, die er mag. Wenn ihr gemeinsam über die Vorlieben und Wünsche deines Sohnes sprecht, zeigst du ihm, dass du auf seine Bedürfnisse eingehst. Ihr könnt das Ganze spielerisch gestalten und dein Sohn wird vermutlich viel Spaß daran haben, sein Frühstück bei dir zu „bestellen" und festzulegen, was ihm morgens schmeckt.

Appetitlosigkeit und Mäuseportionen

Ihr sitzt am Frühstückstisch, dein Sohn schiebt sein Brot nur von rechts nach links, rührt lustlos in seinem Joghurt oder hat nur einen Löffel seines Müslis gegessen. Du raufst dir innerlich schon die Haare, weil du möchtest, dass er gestärkt in den Tag startet und du jeden Morgen darum kämpfen musst, dass dein Kind überhaupt etwas isst.

Der richtige Zeitpunkt für ein Frühstück

Wann wir morgens bereit zum Frühstücken sind, ist Typsache – auch bei Kindern. Gleichwohl ist deine Sorge absolut verständlich. Vermutlich hat dein Sohn so kurz nach dem Aufwachen einfach noch keinen richtigen Appetit und muss erstmal im Tag ankommen.

Erledigt erstmal andere Dinge: anziehen, waschen, lest ein Buch, lass ihn ein bisschen spielen oder legt alles für den Aufbruch bereit. So hat dein Sohn ein bisschen Zeit, um wach zu werden. Hat er die Möglichkeit, in der Kita zu frühstücken? Perfekt, bis dahin wird er wach sein und viele Kinder essen in der Gesellschaft Gleichaltriger viel lieber.

DAS ENTSPANNT DICH – WENIGER DRUCK BEIM ESSEN

Wir alle geben uns jeden Tag Mühe, unsere Kinder ausgewogen und vielseitig zu ernähren. Das ist ein gutes und wichtiges Ziel, das aber auch ganz schön Druck machen kann. Ich bin mir sicher, du hast das Große und Ganze im Blick und unterm Strich wird dein Sohn alle Nährstoffe bekommen, die er braucht, um gesund aufzuwachsen. Nimm den Druck für dich raus. Oft essen Kinder in der Kita oder der Schule viel besser als Zuhause, probieren dort auch Speisen, die sie in deiner Gegenwart niemals anrühren würden und langen ordentlich zu, obwohl sie daheim essen wie ein Mäuschen. Du musst nicht perfekt sein, und wenn dein Sohn jeden Morgen sein Honigbrot vertilgt und es hin und wieder gegen Nuss-Nougat-Creme ausgetauscht wird, ist das vollkommen okay. Reiche Apfel- und Gurken-Sticks dazu, richte das Essen abwechslungsreich an und behalte die Gesamtbilanz im Blick – sie wird stimmen! Du kannst auch einen Teil des Frühstücks schon am Vortag vorbereiten, Eier kochen, Frühstücksmuffins, -kekse oder Müsliriegel backen.

Ein Frühstück für unterwegs

Wenn es in der Betreuung kein Frühstück gibt oder dein Sohn schon zur Schule geht, packe das Frühstück ein, dann kann er unterwegs essen. Lass ihn etwas trinken und vertraue darauf, dass er sich holt, was er braucht. Oft haben wir noch den Satz unserer eigenen Eltern im Ohr: „Kind, du musst doch etwas im Magen haben, bevor du losgehst.“

Kinder wissen, was sie brauchen

Kinder können körperliche Empfindungen und ihr Hunger- und Sättigungsgefühl in der Regel noch sehr ungetrübt und deutlich wahrnehmen. Trau deinem Sohn zu zu spüren, wann er was braucht. Wenn er morgens kein Fan großer Mahlzeiten ist, biete einfach ein bisschen Obst an.

! EXTRA-TIPP: DAS AUGE ISST MIT

Manchmal hilft es auch, das Frühstück interessant anzurichten, Apfel- und Brotstücke besonders zuzuschneiden oder mit einer Keksform auszustechen, Kinder lieben es spielerisch – allerdings sollte der Morgen für dich nicht zu einem Obstmandala-Marathon werden.

Herausforderung Zähneputzen

Jetzt mal Hand aufs Herz: Ich habe noch keinen kleinen Jungen getroffen, der um Körperpflege, geputzte Zähne und saubere Kleidung bettelt. Die wenigstens Jungen haben im Kita- oder Schulalter einen Sinn für diese Dinge – sie spielen für sie einfach keine Rolle. Umso wichtiger ist es, dass wir uns nicht tagtäglich im Kampf darum verlieren, sondern Wege finden, die für alle funktionieren.

Jeden Morgen der gleiche Kampf? Dein Sohn will sich partout nicht die Zähne putzen? Er öffnet den Mund nicht oder nicht weit genug, lässt dich nicht nachputzen oder erscheint gar nicht erst im Badezimmer. Du hast das Gefühl, dass du gegen eine Wand sprichst und deinem Kind seine Zähne vollkommen egal sind.

Kinder können den Sinn vom Zähneputzen nicht erfassen

Vermutlich stimmt dein Eindruck und deinem Sohn sind seine Zähne wirklich ziemlich egal. Bei kleinen Jungen liegt das daran, dass sie tatsächlich noch nicht komplett in der Lage sind zu erfassen, was im Mund passiert, was Karies ist und welche Folgen es hat, wenn sie nicht regelmäßig ihre Zähne putzen.

Ältere Kinder haben einfach anderes im Sinn als Zahngesundheit, für dich bleibt es natürlich anstrengend, weil bei dir die Verantwortung liegt und du aus deiner Erwachsenen-Perspektive weißt, wie wichtig gesunde Zähne sind und welche Konsequenzen Nachlässigkeit haben kann. Dieser Weitblick fehlt Kindern schlichtweg und sie sind dazu auch nur sehr begrenzt in der Lage.

EXTRA-TIPP: GENAUER HINSCHAUEN

Dein Sohn ist noch klein? Vielleicht ist seine Zahnbürste zu hart oder der Bürstenkopf zu groß, so dass sich das Putzen wirklich unangenehm oder sogar schmerzhaft anfühlt. Erfahrungsgemäß ist es gar nicht so einfach, richtig weiche Kinderzahnbürsten zu bekommen. Einige Hersteller kannst du im Internet finden oder bei deinem Zahnarzt erfragen.

Spielerisches Abenteuer anstatt Kampf

Mach aus der lästigen Pflicht ein Abenteuer. Lest Zahnputzgeschichten, singt erdichtete Lieder oder greife auf solche zurück, die es im Internet gibt. Putzt euch gegenseitig die Zähne, jagt Zahnmonster, die die Farbe dessen haben, was ihr gegessen habt, oder spielt Krokodil und Putzervogel. Dein Sohn liebt Autos? Dann ist sein Mund die Waschstraße für die Zähne und die Bürste schrubbt alles sauber – finde Bilder und Geschichten, die zu euch passen.

Die meisten Kinder erliegen dem Zauber eines lustigen Spiels oder einer fantasievollen Geschichte sofort. Erzähl ein fortlaufendes Zahnputzmärchen, das nur für diesen Moment des Tages reserviert ist – oder lest etappenweise eine Geschichte dazu, wenn dir eigene Geschichten genauso wenig liegen wie mir.

Nachputzen ist wichtig

Die richtigen Zahnputzbewegungen brauchen einfach Zeit und setzen eine entsprechende motorische Entwicklung voraus, die beispielsweise in Hinblick auf die Fähigkeit, die Zahninnenflächen zu bürsten, erst im Grundschulalter abgeschlossen ist. Wenn dein Sohn nicht zulässt, dass du nachputzt, putzt euch gegenseitig die Zähne. Dafür sind die allermeisten Kinder zu haben.

EXTRA-TIPP: LASS BILDER SPRECHEN

Selbst einem Kita-Kind kannst du schon Bilder kariöser Zähne zeigen. Es geht dabei nicht darum, deinem Sohn Angst zu machen. Allerdings sind deine Worte und Warnungen für ihn sonst weitgehend graue Theorie, ihm fehlt schlichtweg der Erfahrungshorizont, um die Folgen von dauerhafter Zahnputzmuffelei einsehen zu können. Die Bilder können helfen, seine Vorstellungskraft zu erweitern. Achte nur darauf, dass sie nicht allzu drastisch sind.

Die eigene Zahnbürste aussuchen

Manchmal kann es auch helfen, deinen Sohn seine Zahnbürste selbst aussuchen und mit einem Aufkleber verzieren zu lassen, der ihm gefällt. Elektrische Zahnbürsten üben auf viele Jungen eine magische Anziehungskraft aus, weil sie sich ein wenig so anhören, wie der Akkuschrauber aus dem Werkzeugkasten. Experimentiere mit dem Ort, an dem ihr Zähne putzt und mit der Geschmacksrichtung der Zahnpasta. Selbstklebende Spiegelfliesen oder ein kleiner Spiegel in Kinderhöhe helfen deinem Sohn zu sehen, was er gerade tut und macht den Ablauf viel interessanter.

**DAS STÄRKT EUREN ALLTAG –
ÜBERLEGE DIR EINE UNKONVENTIONELLE ZAHNPUTZROUTINE**

Ja, es ist auf den ersten Blick erstmal anstrengend für dich, eine kreative, spielerische Lösung zu finden, weil du dir manchmal einfach nur wünschst, dass Routinen wie das Zähneputzen reibungslos funktionieren. Auf Dauer zerren schlechte Stimmungen und Machtkämpfe aber wesentlich mehr an deinen Nerven, als eine unkonventionelle Lösung zu finden. Oft bieten derartige Nervsituationen auch echte Chancen für Perspektivwechsel oder zur Schaffung lustiger gemeinsamer Rituale, die euch zusammenschweißen. Kleine und große Krisen sind oft Einladungen, die eigenen, manchmal starren Maßstäbe zu erkennen, zu hinterfragen und loszulassen, um Raum für Neues zu schaffen.

Lass deinen Sohn aus zwei Zahnpasta-Sorten auswählen. Dann lautet die Aufforderung morgens nicht „Komm bitte deine Zähne putzen", sondern „Du kannst dir jetzt deine Zahnpasta aussuchen." Eine Auswahl- und Entscheidungsmöglichkeit wirkt weitaus motivierender auf deinen Sohn als eine Pflicht, die er erledigen muss.

Binde ältere Geschwister ein

Leben ältere Geschwisterkinder in eurer Familie? Oftmals klappt es mit dem Zähneputzen besser, wenn Bruder oder Schwester den Vorgang managen. Wichtig ist nur, dass alle Beteiligten das möchten und mögen. Dann kann es den Großen Spaß machen, Verantwortung zu übernehmen und die Kleinen lassen sich in der Regel sehr gut motivieren und mitreißen.

Körperpflege ist kein Kinderspiel

Kommt es dir auch manchmal so vor als hätte dein Sohn eine Waschallergie? Insbesondere morgens scheint jeder Tropfen Wasser auf der Haut unerträglich zu sein und er ist einfach nicht dazu zu bewegen, duschen zu gehen, sich zu waschen oder waschen zu lassen?

Eine Alternative zur Dusche am Morgen

Kinder sind sehr pragmatisch. Den meisten von ihnen ist es einfach nicht wichtig, wie sauber ihre Ohren, Gesichter und Körper sind. Außerdem empfindet dein Sohn es vermutlich insbesondere morgens, nachdem er gerade das gemütlich-warme Bett verlassen hat, sehr unangenehm, sich auszuziehen und vor und nach dem Waschen oder Duschen zu frieren. Ist doch irgendwie nachvollziehbar, oder?

Wir Erwachsenen sind es schlichtweg gewohnt, für ein paar kurze Frostmomente die Zähne zusammenzubeißen und uns schnell abzutrocknen und anzuziehen. Dein Sohn allerdings lebt sehr im Hier und Jetzt. Erfahrungen sind längst noch nicht so tief verankert und abrufbar. Instinktiv und unmittelbar vermeidet er eben alles, was für ihn unangenehm ist. Das ist vollkommen normal und bedeutet nicht, dass er später keinen ausreichenden Wert auf Sauberkeit und Hygiene legen wird.

Lass deinen Sohn abends baden oder unter die Dusche steigen. So hat er einen entspannenden Tagesabschluss und du musst am nächsten Morgen nicht drüber diskutieren, ob eine Dusche jetzt wichtig ist oder nicht. Der Hormonhaushalt von Kita- und Grundschulkindern ist auch noch nicht so eingestellt wie von Kindern in Pubertät, so dass dein Sohn nicht über Nacht unangenehme Gerüche entwickeln wird. Morgens reicht dann eine Katzenwäsche mit dem Waschlappen. Lass ihn den Zeitpunkt dafür selbst bestimmen. Meistens klappt es nach dem Frühstück besser, wenn dein Sohn schon einige Zeit wach und sein Körper aktiviert ist.

! EXTRA-TIPP: LERNEN DURCH VORBILDER

Es gibt viele gute Kinderbücher über das morgendliche Prozedere im Bad. Wenn ihr regelmäßig gemeinsam solche Bücher anschaut und lest, dein Sohn außerdem mitbekommt, dass auch der Rest seiner Familie sich regelmäßig wäscht, wird es ihm leichter fallen, die lästige Aufgabe zur Gewohnheit zu machen, denn Kinder lernen am allerstärksten, indem sie ihr Umfeld nachahmen.

Kleine Wasch-Tricks

Oft sind Kinder viel bereitwilliger, sich zu waschen oder waschen zu lassen, wenn der Waschlappen bunt ist oder eine lustige Tierform hat. Dann wäscht nämlich der Marienkäfer oder der Frosch das Gesicht und nicht die Mama – und das findet dein Sohn garantiert spannend.

Dein Sohn ist mal einen Morgen überhaupt nicht zum Waschen zu bewegen? Lass los! Wenn er einmal ungewaschen aus dem Haus geht, bedeutet das nicht, dass nun der erste Schritt in Richtung Verwahrlosung getan ist. Du musst nicht jeden Kampf kämpfen. Wenn du es schaffst, den Druck für dich rauszunehmen, wird es am nächsten Tag mit Sicherheit besser klappen. Nimm einen feuchten Waschlappen in einer Brotdose mit, dann kannst du ihm garantiert unterwegs das Gesicht säubern, wenn die stressige Situation vorüber ist.

EXTRA-TIPP: ARBEITE MIT EINER CHECKLISTE

Arbeite mit einer Checkliste oder einem System, anhand dessen dein Sohn morgens sehen kann, welche Punkte er zu erledigen hat und welche er davon schon geschafft hat. Das macht die Prozesse anschaulich, dein Sohn hat genau vor Augen, was zu tun ist und muss nicht alle Schritte behalten – was Jungen oft schwerfällt, insbesondere morgens. Wichtiger Aspekt: Das ist kein Belohnungssystem, sondern hilft ihm visuell dabei, den Überblick zu behalten. Dein Sohn wird einen Anreiz haben, alle Aufgaben zu erledigen, da das menschliche Gehirn einfach so funktioniert, dass es mit großer Vorliebe „offene Kreise" schließt. Du kannst die Checkliste selbst gestalten, laminieren und mit Magneten arbeiten. Im Internet findest du zahlreiche Vorlagen, Ideen und Bastelinspirationen.

So förderst du ganz spielerisch die Eigenständigkeit deines Sohnes. Diese Systeme aus „noch zu tun" und „schon erledigt" funktionieren auch bei Schulkindern sehr gut. Stell dir den Kopf deines Sohnes wie eine Computer-Festplatte vor, die noch viel, viel schneller ausgelastet ist als deine eigene. Es ist niemals Böswilligkeit, wenn Jungen Dinge vergessen oder nicht hinbekommen, die sie eigentlich schon können. Sie brauchen einfach noch hunderte Wiederholungen, bis ihnen alle Schritte so selbstverständlich von der Hand gehen wie uns Erwachsenen. Checklisten helfen dabei und machen Spaß – wenn sie kindgerecht gestaltet sind.

Windeln, Töpfchen und Toilette

Es gibt einige Themen, die Eltern mehr umtreiben als andere. Dazu gehört die Frage nach dem Trockenwerden. In manchen Elternrunden kann man wahre Wettkämpfe beobachten, wessen Kind zuerst windelfrei ist. Doch du sitzt stumm daneben, weil dein Sprössling kaum Interesse an Töpfchen und Toilettensitz zeigt? Vielleicht ist dein Sohn sogar bereits im Grundschulalter und hat ab und an nachts immer noch mit kleinen Unfällen zu kämpfen.

Eines vorab: In den seltensten Fällen liegen tatsächlich körperliche Beeinträchtigungen oder hormonelle Störungen vor, selbst wenn dein Sohn im Grundschulalter hin und wieder noch eine nasse Hose hat. Wann ein Kind bereit ist, zur Toilette zu gehen und auch nachts trocken bleibt, ist sehr individuell und von seiner Entwicklung abhängig.

Töpfchentraining ist keine Lösung

Sogenanntes Töpfchentraining erscheint auf den ersten Blick ziemlich erfolgversprechend. Oft entleert sich die Blase kleiner Kinder spontan, wenn man sie aufs Töpfchen setzt. Entweder sind hier der Zufall oder die kühle Luft am Werk. Wirklich merken, dass sie zur Toilette müssen, können Kinder entwicklungsbedingt jedoch erst durchschnittlich im Alter von etwa zweieinhalb Jahren. Natürlich gibt es immer Abweichungen nach oben und nach unten.

Verständlicherweise hast du irgendwann im wahrsten Sinne des Wortes die Nase voll vom Wickeln. Striktes Training, Belohnungen oder Strafen bringen hier wenig – außer dass Druck aufgebaut wird, dein Sohn eventuell mit Verstopfungen und Schamgefühlen zu kämpfen hat und kein entspanntes Verhältnis zum Toilettengang einwickelt.

Tastet euch in kleinen Schritten heran

Vielleicht braucht dein Sohn auch eine Zeit des Übergangs, in der er zwar schon zum Pipimachen auf die Toilette geht, für Stuhlgang aber weiterhin eine Windel bevorzugt. Es spricht nichts dagegen, ihn in kleinen Schritten trocken werden zu lassen. Vielleicht fällt es ihm zunächst leichter, sich mit Windel auf die Toilette oder das Töpfchen zu setzen. So kann er sich schon einmal an die neue Position gewöhnen. Mit der Zeit kannst du versuchen, die Windel zu lockern und schließlich ganz wegzulassen.

Gib deinem Sohn Zeit

Lass dich nicht von Kommentaren und Ratschlägen insbesondere älterer Generationen verunsichern. Heute haben wir vollkommen andere Erkenntnisse über Reifungsprozesse von Kindern als früher. Vertraue auf die natürliche Entwicklung deines Sohnes. Bei manchen Kindern dauert es eben ein wenig länger und Jungen sind beim Trockenwerden ohnehin tendenziell etwas später dran als Mädchen.

DAS STÄRKT DEINEN SOHN – LASS IHN DAS TEMPO SELBST VORGEBEN

Versetz dich einmal in die Lage deines Sohnes: Wenn du ihn nicht gerade vom Babyalter an abgehalten und auf seine Anzeichen, Urin oder Stuhl auszuscheiden, reagiert hast (windelfrei), ist er von klein auf an seine Windel gewöhnt. Sie ist alles, was er in diesem Bereich kennt. Ein nackter Popo auf einer Toilette, die unter deinem Sohn scheinbar schier endlos in die Tiefe geht und auch noch kaltes, spritzendes Wasser beinhaltet, kann ziemlich furchteinflößend sein. Reagiere auf die Bereitschaft deines Sohnes, zur Toilette zu gehen, aber versuche nicht, etwas zu erzwingen, das von seiner individuellen Entwicklung abhängt. Er wird von allein an diesen Punkt gelangen.

Unfälle im Grundschulalter

Wenn sich das Trockenwerden deines Sohnes bis ins Grundschulalter zieht, trifft das überhaupt keine Aussage über seinen Gesundheitszustand oder seine Entwicklung. Lasse körperliche Gründe vom Kinderarzt ausschließen und versuche ansonsten, so entspannt wie möglich mit der gesamten Angelegenheit umzugehen.

Sprich offen mit deinem Sohn und seinen Lehrern über das Thema. Es gibt nichts, wofür du oder dein Sohn sich schämen müssten. Manche Lebensereignisse beeinflussen zudem das Verhalten unserer Kinder. Vielleicht reagiert dein Sohn auf einen Einschnitt wie ein neugeborenes Geschwisterkind, die Einschulung oder einen Umzug mit einem kleinen Rückschritt in seiner Entwicklung. Doch das ist kein Grund zur Sorge, sondern eine vollkommen normale Reaktion mancher sensibler Kinder, auf die du einfühlsam und liebevoll reagieren kannst.

Wenn sich für dich herauskristallisiert, dass dein Sohn nachts immer zu einer bestimmten Uhrzeit mit einer vollen Blase zu kämpfen hat, aber schlicht und ergreifend zu tief schläft, um selbst darauf zu reagieren, kannst du ihn auch zu einem entsprechend etwas früheren Zeitpunkt wecken und ihn zur Toilette führen. Gedimmtes Licht und Wärme sorgen dafür, dass das Ganze zwar sanft geschieht, sein Gehirn jedoch trotzdem mit der Zeit lernt, auf das Signal der vollen Blase zu reagieren. Für einen gewissen Zeitraum ist dies vielleicht etwas anstrengend, hilft deinem Sohn jedoch, irgendwann auch selbst im Schlaf zu spüren, dass er zur Toilette muss. Bereite deinen Sohn auf das nächtliche Wecken vor, indem du es vor dem Einschlafen ankündigst.

Trödeln, Spielen, Zeit schinden

Es ist jeden Morgen das Gleiche: ankleiden, frühstücken, Schuhe anziehen. – Egal, worum du deinen Sohn bittest oder ob es längst Zeit zum Aufbruch ist, er trödelt herum, braucht gefühlt eine Ewigkeit und zehn Ansprachen, bis er einer deiner Aufforderungen folgt und du kommst dir täglich aufs Neue vor wie ein Antreiber, der permanent genervt ist und im Kommando-Ton spricht. Das ist anstrengend für alle Beteiligten, denn schlechte Stimmung raubt Kraft und nervt – genauso wie das Gefühl, gegen eine Wand zu sprechen.

Kinder brauchen manchmal ein bisschen Zeit, um Ja sagen zu können. Auch wenn es nervt und anstrengend ist, es tut eurer Beziehung gut, wenn du deinem Sohn ein wenig Luft lässt und entstresst die Situation, wenn du das Pferd von einer anderen Seite aus aufzäumst.

EXTRA-TIPP: EINLADUNG ZUR SELBSTREFLEXION

Kinder sind mit ihren feinen Antennen wahre Meister darin, Disharmonien aufzuzeigen – auch wenn sie sie noch nicht konkret benennen können. Ihr Verhalten ist damit auch eine Einladung, auf uns selbst zu blicken und zu schauen, wo es vielleicht wirklich hakt und warum. Dein Sohn provoziert dich nie aus Böswilligkeit. In der Regel stecken hinter seinem Verhalten ein Wink und eine Botschaft für dich. Es muss auch nicht immer unbedingt etwas mit eurer Beziehung zu tun haben, wenn dich sein Verhalten unfassbar nervt. Manchmal sind das auch Hinweise auf Punkte, die vielleicht nur etwas mit dir zu tun haben. Wie gut kannst du selbst Trödeln und die in etwas verlieren, das dir Spaß macht? Dein Sohn kann eine große Hilfe sein, deine eigenen Muster zu entdecken und daraus auszubrechen.

Schwierigkeiten mit Übergängen

Viele Kinder haben Schwierigkeiten mit Übergängen zwischen Aktivitäten oder Ortswechseln – selbst, wenn es dabei um etwas Schönes geht. Uns Erwachsenen erscheint das banal, weil wir es mittlerweile so gewohnt sind. Deinem Sohn hingegen fällt es vielleicht extrem schwer, sich aus einer Situation loszueisen, etwas Neues zu beginnen oder das Haus zu verlassen. Ist er erstmal in der neuen Situation angekommen, ist alles gut. Das ist vollkommen normal – auch noch bis ins Grundschulalter. Das ist uns nur häufig nicht bewusst. Im Laufe der Entwicklung fällt es deinem Sohn dann immer leichter, spontan und flexibel zu reagieren.

Trödeln kann auch ein Mittel deines Sohnes sein, in die Konfrontation zu gehen. Vielleicht stört ihn etwas, das er aber aufgrund seines Alters einfach noch nicht reflektieren und benennen kann. Vielleicht fühlt er sich durch den fest durchgetakteten morgendlichen Ablauf in seinen Bedürfnissen übergangen und seine einzige Möglichkeit, dir das zu zeigen, liegt darin, komplett auf die Bremse zu treten, damit du aufmerksam wirst. Dass es im Familienleben gelegentlich zu solchen Situationen kommt, ist vollkommen normal und sagt nichts über die Qualität eures Zusammenlebens aus.

EXTRA-TIPP: WOCHENÜBERBLICK BASTELN

Je jünger dein Sohn ist, desto schwerer fällt es ihm, die Woche zu überblicken und einzuordnen, was wann dran ist. Du kannst ihn bei diesem Entwicklungsschritt unterstützen, indem du den Wochenverlauf und das, was in der Regel für euch dran ist, abbildest. Die Möglichkeiten dafür sind unterschiedlich und simpel. Hängt an einer Schnur gemeinsam Fotos auf: Die Aufnahmen, die für Montag bis Freitag stehen, zeigen deinen Sohn vor der Schule oder der Kita, mit Schulranzen oder Kindergartentasche, mit einem Erzieher oder einer Lehrerin. Egal, für welche Motive ihr euch entscheidet, hauptsache, sie bilden für deinen Sohn verständlich ab, was am jeweiligen Tag geschieht. Wenn am Samstag und Sonntag bei euch Familienzeit ist, zeigen entsprechende Fotos das auch. Eine farbige Wäscheklammer wandert von Wochentag zu Wochentag, so dass für deinen Sohn immer klar ist, was gerade ansteht. Alternativ funktionieren auch Zeichnungen und Symbolbilder – hauptsache, dein Sohn weiß, wofür sie stehen. Diese Übersicht schafft Orientierung und vermittelt deinem Sohn ein Gefühl von Kontinuität und Klarheit, weil er jederzeit selbst sehen kann, wo er sich in der Woche befindet.

Ausreichend Zeit und gute Vorbereitung

Verschaff dir und deinem Sohn morgens ausreichend Luft zum Trödeln und Spielen, indem ihr früh genug aufsteht. Oft reicht es schon, eine Viertelstunde eher in den Tag zu starten, schon habt ihr einen kleinen Puffer, um noch ein Buch durchzublättern, ein paar Bausteine aufzustapeln und Löcher in die Luft zu starren. Antreiben und Druck ausüben bewirken meist nur, dass dein Sohn noch langsamer wird – das ist seine natürlich Art, damit umzugehen.

Bereite abends vor, was möglich ist: Lege Kleidung heraus, decke den Tisch, lass deinen Sohn seine Schultasche packen usw. Alles, was ihr schon abends vorbereitet habt, hat morgens nicht die Macht, euch Zeit zu rauben oder die Stimmung zu vermiesen, wenn es ohnehin wuselig ist.

Kooperationsbereitschaft wahrnehmen

Manchmal entgehen dir im Alltag vielleicht die kleinen Bereitwilligkeiten deines Sohnes. Oft sind diese auch einfach selbstverständlich und dir fallen nur die Dinge auf, die nicht klappen. Ertappe deinen Sohn beim Kooperativsein. Er geht allein in Richtung Badezimmer oder kommt sofort, wenn du ihn bittest, die Schuhe anzuziehen? Signalisier ihm, dass du das wahrnimmst – und zwar nicht in überbordendem Lob, sondern schlichtweg mit einem kleinen Satz wie „Danke, dass du ins Bad gehst“ oder „Ich freu mich, dass du sofort zu mir kommst“.

Dadurch geschehen zwei Dinge: Dein Sohn fühlt sich in seinen Bemühungen gesehen, was definitiv seine Kooperationsbereitschaft erhöht. Außerdem verschiebst du deinen Fokus weg von dem, was nicht klappt, hin zu dem, was reibungslos läuft. Wir alle neigen dazu, uns nur auf Fehler oder Defizite zu konzentrieren und nehmen dabei gar nicht mehr wahr, wie viel etwa in unserem Familienleben richtig gut läuft. Wenn du dich mehr und mehr auf die Erfolge konzentrierst – auch wenn sie dir anfangs noch so nichtig erscheinen – wird das bald deine Perspektive ändern und dir und deinem Sohn viel mehr Freude und Leichtigkeit verschaffen.

DAS STÄRKT EUREN ALLTAG – KÜNDIGE ÜBERGÄNGE AN

Bereite deinen Sohn auf Wechsel und Übergänge vor, indem du sie früh genug ankündigst – auch mehrmals. Das kannst du zum Beispiel in Abstand weniger Minuten tun: „In fünf Minuten ziehen wir uns die Schuhe an und gehen in die Kita." Und dann wieder: „In zwei Minuten ziehen wir uns die Schuhe an und gehen los." Es kann auch helfen, gemeinsam mit deinem Sohn zu entscheiden, einen Timer oder Wecker zu stellen. Wenn der dann klingelt, ist der nächste Schritt dran.

Wechsel können für deinen Sohn leichter werden, wenn er etwas aus der Situation mitnimmt – das Auto, mit dem er gespielt hat, zum Beispiel. Manchmal sind es aber auch ganz banale Dinge wie eine Bastelschere oder ein Buntstift. Dieser Gegenstand begleitet dein Kind dann in die nächste Situation und gibt ihm Sicherheit. In der Kita oder Schule angekommen, kannst dein Sohn den Begleiter einfach in deiner Tasche verschwinden lassen, falls es nicht erwünscht ist, Dinge dort mit hinzubringen.

Große Aufgaben aufschlüsseln

Selbst wenn dein Sohn sich schon alleine anziehen und „abfahrtbereit" machen kann, kann es ihm schwerfallen, diese Gesamtaufgabe zu meistern, weil ihn Formulierungen wie „Mach dich bitte fertig, wir müssen los!" überfordern. Selbst im Grundschulalter ist es noch vollkommen normal, wenn wir Kindern eine komplexere Aufgabe in kleine Teilschritte aufschlüsseln müssen, damit sie sie bewältigen können:

- „Zieh bitte deine Hausschuhe aus."
- „Zieh deine Schuhe an."
- „Zieh deine Jacke an."
- „Setz deine Mütze auf."

Auf jeden erfolgreichen Schritt folgt eine neue Aufgabe. Das erscheint dir vielleicht mühsam und unangebracht, durch diese Häppchen ist dein Sohn aber in der Lage, alles nacheinander zu bewältigen. Irgendwann erreicht er ganz von allein den Zeitpunkt, an dem er keine kleinteilige Auflistung mehr benötigt. Auch die bereits genannte Checkliste, die ihm einen Überblick über die zu erledigenden Dinge verschafft, kann hier helfen.

DAS STÄRKT EUREN ALLTAG – GEHT AUFGABEN SPIELERISCH AN

Wie in den meisten Situationen kann es auch beim Trödeln helfen, ein Spiel aus den Aufgaben zu machen oder es mit Humor anzugehen, einen Parcours aus Schuhen, Mütze und Jacke zu legen oder eine Geschichte dazu zu erzählen: Die Füße gehen auf große Fahrt in den Schuhbooten – derartigen Erzählungen kann sich kaum ein Kind entziehen. Geh auf das ein, was dein Sohn gerade tut. Frage ihn, ob er noch kurz sein Auto parken, seinen Teddy ins Bett bringen oder sein Bauwerk zu Ende bauen möchte, bevor ihr losgeht. Dann kann er sein Spiel abschließen und sich gemeinsam mit dir etwas Neuem zuwenden.

Alle Bedürfnisse sind gleich wichtig

Keine Bedürfnisse sind wichtiger als die anderen, wir setzen nur andere Maßstäbe an. In unserer Erwachsenen-Normalität ist es vollkommen normal, dass der Beruf, Termine und Verpflichtungen Priorität haben. Aber dein Sohn hat andere Maßstäbe und andere Prioritäten. Wenn du es schaffst, dieser Perspektive Raum zu geben und sein Spielen und sein eigenes Tempo als das anzuerkennen, was für ihn gerade am wichtigsten ist, gleicht das eure Beziehung enorm aus. Dein Sohn fühlt sich dadurch anerkannt und gesehen, er erfährt, dass seine individuellen Bedürfnisse zählen.

Das bedeutet natürlich nicht, dass du deine Termine, Wünsche und Abläufe komplett hinten anstellst, dann besteht die Gefahr, auf der anderen Seite vom Pferd zu fallen, und du tust deinem Sohn keinen Gefallen, wenn du ihm vorlebst, dass deine eigenen Bedürfnisse nur eine untergeordnete Rolle spielen. Schließlich soll er durch dein Vorbild lernen, was gesunde Selbstfürsorge bedeutet.

Es geht vielmehr darum, im Großen und Ganzen das Gleichgewicht zu wahren. Lass deinem Sohn in den Situationen, die es zulassen,

Raum und du wirst erleben, wie seine natürliche Kooperationsbereitschaft steigt. Manchmal willst du vielleicht, dass er jetzt sofort seine Schuhe anzieht oder endlich frühstücken kommt. Dann geht möglicherweise dein eigener Dickkopf mit dir durch – was jedem Erwachsenen zuweilen so geht. Dabei kann es so viel Druck rausnehmen, in solchen Momenten auf deinen Sohn einzugehen, einen Timer zu stellen und die Hose in drei Minuten anzuziehen. Meistens ist es damit schon getan: Drei Minuten Freiraum, die ihr ansonsten mit Kämpfen verbringen würdet.

Keine Lust auf Kita oder Schule

Mit Sicherheit hat jede Mutter diesen Satz schon einmal gehört: „Ich will nicht in die Kita!" Oder: „Ich möchte nicht in die Schule!" Doch was, wenn dein Sohn regelmäßig keine Lust hat, für die Betreuung oder den Unterricht das Haus zu verlassen, wenn Tränen fließen oder sogar der kleine Bauch rumort und dein Sohn Bauchschmerzen hat?

Dein Sohn lebt im Hier und Jetzt

Jeder hat mal einen schlechten Tag und deinem Sohn wird es wie den meisten Kindern zu Hause noch schwerfallen, sich vorzustellen, dass es ihm gleich in der Kita oder der Schule anders gehen wird. Schließlich lebt er viel mehr in der Gegenwart als wir Erwachsenen. Ihm fehlt schlichtweg der Erfahrungshorizont, der ihm sagt, dass es bestimmt ganz gut wird, wenn er erstmal da ist.

Ein bisschen Unlust ist normal

Tage- oder phasenweise Kita- und Schulunlust sind vollkommen normal, schließlich sind wir auch nicht immer gleich motiviert in Bezug auf unsere Arbeit und unsere Verpflichtungen. Wenn die Missstimmung gegen Kita oder Schule allerdings länger anhält und mit Tränen, Wut oder sogar körperlichen Reaktionen wie Bauchschmerzen, Fieber oder Übelkeit einhergeht, solltest du genauer hinschauen.

Zeige Verständnis und Mitgefühl

Sollte dein Sohn einfach nur mal keine Lust haben, ist das einfachste, wenn du Verständnis zeigst und das auch sagst. Erzähl ihm, dass es dir auch manchmal so geht, dass es dann aber immer ganz gut ist, wenn du erstmal bei der Arbeit bist oder deine Aufgaben erledigst. Sprecht darüber, dass er später in der Kita oder in der Schule mit seinen Freunden, den Erziehern und Lehrern eine gute Zeit haben und viel erleben wird, das er bestimmt nicht verpassen möchte.

Schmiedet Freizeitpläne

Bleibe dabei mitfühlend, aber ich empfehle dir, deinen Sohn insbesondere in so einer Situation nicht zu Hause zu lassen, selbst wenn es dein Zeitplan erlauben würde – das geht ohnehin nur bei Kita-Kindern. Nehmt lieber einen Auszeittag, wenn er nicht in einer solchen Phase steckt. Schmiedet Pläne fürs Wochenende und eure gemeinsame Zeit, wenn die Woche geschafft ist.

Gehe auf Spurensuche

Wenn du wahrnimmst, dass mehr hinter der Unlust deines Sohnes steckt, sprich mit ihm. Frag ihn, was los ist, ob er sich langweilt oder ob er Konflikte mit anderen Kindern oder Betreuungspersonen hat. Finde heraus, welcher Stressfaktor es ihm gerade schwermacht. Versuche, eventuelle Konflikte im Gespräch mit Eltern, Erziehern oder Lehrern und den beteiligten Kindern zu lösen.

EXTRA-TIPP: AUF REIZE ACHTEN !

Auch Lautstärke kann für deinen Sohn ein Problem sein. Wenn viele kleine Menschen zusammen sind, sich bewegen, sprechen, rufen und herumwuseln, entstehen viele Reize, vor denen sich nicht jedes Kind gut abschirmen kann. Vielleicht gibt es in der Kita oder Schule Ruhebereiche, die dein Sohn zur Erholung nutzen kann.

Einigen Kindern fehlt Bewegung, anderen kognitive oder kreative Herausforderungen. In Kitas mit offenen Konzepten haben Kinder die Möglichkeit, immer in den Bereichen zu spielen und sich zu beschäftigen, die ihnen zusagen. Oft gibt es einen Bewegungsraum oder einen für die Kinder frei zugänglichen Außenbereich, wo sie sich richtig austoben können.

Es ist auch nicht jede Schulform für jedes Kind geeignet. Mir ist bewusst, dass in der gegenwärtigen gesellschaftlichen Situation mit raren Betreuungsplätzen und komplexen Lebensmustern ein Kita- oder Schulwechsel alles andere als leicht ist. Deshalb ist das sicherlich immer eine der allerletzten Lösungen, die im Raum stehen. Ich möchte dir aber ans Herz legen, diese Überlegung nicht von vornherein abzulehnen. Je nach Situation liegen vielleicht noch einige Jahre – und damit viele, viele Tage, Wochen und Monate – in dieser Kita oder Schule vor deinem Sohn, Zeiten, die ihn und sein Leben stark prägen.

Ein Kita- oder Schulwechsel kann ein Schritt sein, der vielleicht für einige Wochen euren Alltag auf den Kopf stellt, der deinem Sohn allerdings für die folgenden Jahre viel Erleichterung und einen geeigneteren Entwicklungsraum bieten kann.

Wichtig ist immer, alle Lösungsmöglichkeiten auf den Tisch zu holen, und dann abzuwägen. Eine Visualisierung auf Papier oder bunten Karten kann in diesem Prozess auch helfen, sich alle Optionen vor Augen zu führen und bewusster abzuwägen und zu entscheiden.

Der Klassiker: Turnbeutel vergessen

Morgens seid ihr ohnehin im Zeitstress. Doch kurz bevor es losgeht, fällt deinem Sohn ausgerechnet noch ein, dass er vergessen hat, ein bestimmtes Buch oder sein Sportzeug einzupacken oder plötzlich erinnert er sich daran, dass noch eine Unterschrift auf dem Zettel für den Schulausflug fehlt oder dass er ausgerechnet heute einen leeren Schuhkarton zum Basteln mitbringen soll. Gerne erfolgen derartige Geistesblitze auch erst, wenn ihr längst vor der Haustür steht, der

Schulbus jeden Moment um die Ecke biegt oder ihr bereits am Pausenhof angekommen seid. Kennst du das?

Planung und Voraussicht sind nicht angeboren

Du weißt, dass Planung, Voraussicht und gut vorbereitet zu sein wichtig und hilfreich sind. In der Vorstellungswelt deines Sohnes spielen diese Dinge jedoch keine Rolle – und das ist weder Gleichgültigkeit, noch böse Absicht. Ihm fehlen die Erfahrung und das Vermögen, strategisch so weit zu denken. Das ist für dich mühsam, doch du kannst ihn dabei unterstützen, diese Fähigkeiten zu entwickeln.

Gemeinsam am Vorabend auf den Tag schauen

Integriere in eure Abendroutine, auf den morgigen Tag zu schauen: Welche Termine stehen an? Was braucht dein Sohn? Was muss eingepackt werden?

Wenn dein Sohn zu Vergesslichkeit neigt und schnell ablenkbar ist, kontrolliere abends, ob alles bereit ist und stelle die Sachen neben seine Schuhe oder vor die Wohnungstür, damit die Chance, dass irgendetwas stehen bleibt, möglichst gering ist. Bei der Gelegenheit könnt ihr auch gleich kontrollieren, ob sich vielleicht noch ein vergessenes Butterbrot in der Schultasche befindet. Wirf auch nochmal einen Blick in das Mitteilungsheft, falls es in der Schule deines Sohnes üblich ist, eines zu führen.

Vermeide, deinen Sohn bloßzustellen

Selbstständig und verantwortungsbewusst zu werden, dauert länger als uns Eltern oft bewusst ist. Routinen ermöglichen es deinem Sohn, im Rahmen seiner Fähigkeiten, gute Gewohnheiten entwickeln.

Den Impuls, deinen Sohn seine Vergesslichkeit möglicherweise in der Schule selbst ausbaden zu lassen, ist gut nachvollziehbar. Doch fühlen sich Kinder in solchen Situationen hilflos, beschämt und alleingelassen – für den Selbstwert, für die Motivation und das schulisches Engagement ist das sehr lähmend. Vielleicht wird deinen Sohn diese Erfahrung so treffen, dass er sich mehr Mühe gibt, um nicht noch einmal in eine solche Situation zu kommen. Jedoch lernt er so durch Angst und Strafe – auf Kosten seines Selbstbewusstseins, und nicht durch gesunde, druckfreie Entwicklung guter Routinen.

DAS STÄRKT EUREN ALLTAG – GESTALTET EINE OPTISCHE PACKLISTE

Wenn dein Sohn große Schwierigkeiten hat, anhand seines Stundenplans abzusehen, was er in die Schule mitnehmen muss, mach für jeden Wochentag ein Foto vom Inhalt seiner Schultasche und hänge diese Übersicht über seinen Schreibtisch. Anhand dieser optischen Packliste wird es ihm wesentlich leichter fallen, an alles zu denken, was er braucht. Trefft gemeinsam Vorbereitungen für eure neue Routine. Legt die Tascheninhalte gemeinsam bereit, fotografiert und druckt die Bilder zusammen aus. Diese Aktion motiviert deinen Sohn nicht nur und zeigt ihm, dass es kreative und praktische Lösungsmöglichkeiten gibt. Er spürt vor allem deine Unterstützung.

Das kann dein Sohn lernen

Wenn du deinem Sohn bei vergessenen Büchern oder Sportsachen zur Seite stehst, kurz zurückgehst und die Sachen für ihn holst, wird er wesentlich mehr lernen, als wenn du ihn „die Konsequenzen spüren" lässt. Er lernt, dass ihr euch in eurer Familie gegenseitig unterstützt, dass niemand perfekt sein muss und dass es in Ordnung ist, Fehler zu machen. Selbstverständlich kannst und solltest du deinem Sohn erklären, dass es wichtig ist, selbst an seine Sachen zu denken und dass es dich auf Dauer nervt, das oft für ihn mit übernehmen zu müssen. Mach deinem Ärger Luft, achte dabei unbedingt darauf, dass du sagst „Es nervt mich!" anstatt die Botschaft zu senden „Du nervst mich!".

Nur noch Jacke und Schuhe anziehen

Ihr habt euch bisher erfolgreich durch den Morgen mit all seinen Tücken und Fallstricken gekämpft, – und jetzt weigert sich dein Sohn, seine Jacke und seine Schuhe anzuziehen. Die Zeit drängt und dir geht allmählich die Geduld aus.

Routinen und Abläufe muss man lernen

Morgendlich Routinen sind für uns Erwachsene vollkommen selbstverständlich. Während unserer Kindheit haben wir gelernt, Pflichten und Abläufe zu akzeptieren und umzusetzen. Das zu lernen, braucht jedoch Zeit. Dein Sohn lebt im Hier und Jetzt. Ihn interessiert immer genau das, was er gerade tut. Selbst wenn er wirklich gerne in die Kita geht, dass es dort gleich schön werden könnte und er für dieses Erlebnis Jacke und Schuhe anziehen muss, übersteigt gerade seine Vorstellungskraft.

Ein normaler Morgen ist ganz schön anstrengend

Hinzu kommt, dass Kinder zwar von Natur aus kooperationsbereit sind, jedoch hat dein Sohn im Laufe des Morgens schon so viele Dinge erledigt, die leider nicht in seinem Interesse liegen, dass seine Kooperationsfähigkeit irgendwann schlichtweg erschöpft ist und er erstmal nicht mehr kann. Alle Abläufe am Morgen bedeuten auch oft einen gewissen Druck. Wenn der für deinen Sohn zu groß wird, tritt er irgendwann auf die Bremse und dann geht gar nichts mehr.

Eigene Entscheidungen treffen lassen

Kleine Freiräume helfen deinem Sohn, im morgendlichem Ablauf eigene Entscheidungen zu treffen: Wann und was zieht er sich an? Spielt er vor dem Frühstück noch ein bisschen? Entscheidet er selbst, wann er seine Zähne putzt? Wenn du gemeinsam mit deinem Sohne einen Weg findest, sowohl seinen als auch deinen Bedürfnissen zu entsprechen, nimmt das eine Menge Druck raus und du wirst erleben, dass er viel leichter dazu in der Lage ist, dir in deinen Wünschen entgegen zu kommen, schließlich erlebt er, dass du das auch tust.

Schau dir die Tipps zum Anziehen noch einmal an, um spielerische Wege für eure Morgenroutine zu finden. Erfinde eine Geschichte rund ums Schuheanziehen, in der der Fuß ein Tier ist, das sich in seiner Schuhhöhle versteckt. Ich weiß, kaum jemand hat dazu morgens wirklich die Nerven, aber sich immer und immer wieder zu streiten, ist am Ende noch anstrengender und drückt dauerhaft die Stimmung.

Mache im Abstand einiger Minuten mehrere Ankündigungen, dass ihr euch jetzt bereit zum Aufbruch machen müsst. Das hilft deinem Sohn, sich innerlich darauf vorzubereiten, sich gleich aus der aktuellen Situation zu lösen und etwas Neues zu beginnen.

Wechselt den Ort

Wenn ihr nicht gerade im Erdgeschoss wohnt oder draußen Minusgrade herrschen, kannst du die Anziehsachen auch einfach mit nach unten oder draußen nehmen. Nach ein paar Metern im Treppenhaus oder vor der Haustür sieht es mit der Kooperationsbereitschaft oft schon viel besser aus, weil dein Sohn eine Entscheidungsmöglichkeit hatte. Selbst wenn es kalt ist, wird es ihm nicht schaden, seine Jacke erst vor der Haustür anzuziehen. Du weißt, dass man im Winter draußen friert, während es drinnen wohlig warm ist. Kinder müssen diese Erfahrung erst einmal machen, um sie in ihre Vorstellungswelt integrieren zu können. Versteh mich nicht falsch: Es geht nicht darum, deinen Sohn stundenlang ohne Jacke herumlaufen zu lassen. Aber einmal kurz zu fühlen, dass es tatsächlich kalt ist, wird ihm nicht schaden.

Raus aus alten Denkmustern

Kinder brauchen Grenzen und klare Ansagen – das hören wir Eltern im Prinzip schon vor der Entbindung. Dass das jeder Mensch braucht, steht außer Frage. Doch bietet unser familiäres und gesellschaftliches Zusammenleben ausreichend natürliche Grenzen, um dies zu lernen. Obendrein noch Grenzen künstlich zu erschaffen, indem sich dein Sohn beispielsweise auf die Minute genau oder auf Kommando anziehen soll, ist ziemlich anstrengend für euch beide und auch nicht unbedingt förderlich für sein Selbstwertgefühl. Denn so erlebt er permanent, dass nur „die Großen“ etwas zu sagen haben und seine Bedürfnisse nicht zählen.

Im Rahmen eures Alltags und seiner Möglichkeiten, eigene Entscheidungen treffen dürfen, gehört und akzeptiert zu werden, zu erleben, dass du ihm und seinen Fähigkeiten – auch seiner Kooperationsbereitschaft – vertraust, wird deinen Sohn sowohl innerlich stärken, als auch sein Sozialverhalten fördern. Denn er ahmt nach, was du ihm vorlebst.

DAS ENTSPANNT DICH – VERTRAU DEINEM SOHN

Unsere Gedanken sind oft noch geprägt von Erziehungsansätzen früherer Generationen. Sätze, wie „Wenn du ihn damit durchkommen lässt, hast du verloren", spuken auch noch immer durch unsere Köpfe. Wir haben oft Angst, unseren Kindern zu viel Freiheit zu lassen, weil wir möchten, dass sie sich zu gesellschaftsfähigen Wesen entwickeln. Doch gerade dazu braucht es auch ein gewisses Maß an Freiheit und Selbstbestimmtheit. Wir dürfen viel mehr Vertrauen darin haben, dass unsere Kinder „gut" sind und sich entsprechend entwickeln, wenn wir ihnen starke Vorbilder sind. Dabei ist es nicht entscheidend, ob dein Sohn immer genau dann die Jacke anzieht, wenn du es von ihm verlangst. Er lernt, dass er mitentscheiden darf, und das ist eine sehr wertvolle Lektion.

Das Spielzeug soll mit, darf aber nicht

Viele Kitas und Schulen haben bestimmte Regelungen in Hinsicht auf Spielzeuge, die die Kinder von zu Hause mitbringen. Es gibt spezielle Spielzeugtage im Jahr, an denen jedes Kind eine Spielsache seiner Wahl mitbringt, an allen anderen Tagen greifen die Kinder auf das zurück, was in der Kita oder der Schule zu Verfügung steht.

Jeder Erwachsene wird diese Regelung nachvollziehen können, da es sonst häufig Streit und Tränen um verschwundene Kuscheltiere oder Lieblingsautos gibt. Für deinen Sohn ist diese Vereinbarung vielleicht nur schwer zu begreifen, er hat eine sehr emotionale Bindung zu seinem Spielzeug und Morgen für Morgen habt ihr lange tränen- oder wutreiche Diskussionen darüber, dass es nicht mit in die Kita oder die Schule darf.

Gewohnte Gegenstände bieten Sicherheit

Vielleicht erinnerst du dich noch an dein erstes Kuscheltier, deine erste Puppe oder dein absolutes Lieblingsspielzeug. Oft sind das nicht nur Gegenstände, mit denen Kinder sich beschäftigen und spielen – sie sind von unschätzbarem Wert, Alltagsbegleiter und treue Freunde, manchmal von Babytagen an. Diese Spielzeuge – oder auch andere Dinge von zu Hause – können insbesondere in Übergangssituationen starke Helfer für deinen Sohn sein.

Alltagsbegleiter helfen bei Übergangssituationen

Wenn dein Sohn Übergänge und Situationswechsel als unangenehm empfindet – und das ist bis in Grundschulalter bei vielen Kindern vollkommen normal, auch wenn die Situation, die auf sie wartet wirklich schön ist – kann ihm ein Gegenstand, den er von der einen Situation mit in die andere nimmt, Sicherheit geben. Ein Spielzeug von zu Hause kann Trennungsschmerz in der Kita oder Bauchgrummeln vor der Schule lindern.

DAS STÄRKT DEINEN SOHN – GIB IHM SICHERHEIT

Wichtig ist in diesem Zusammenhang liebevolles Wohlwollen – insbesondere, wenn dein Sohn vielleicht schon zur Schule geht. Vermeide es, ihm das Gefühl zu geben, dass er längst zu groß ist, um ein Spielzeug zu brauchen, das ihn begleitet. Wenn du ihn in seinem Bedürfnis nach Sicherheit unterstützt, wird ihn das zusätzlich stärken und irgendwann kann er ganz von selbst und ohne Druck auf Ersatzobjekte verzichten.

Lass deinen Sohn sein Spielzeug oder den Gegenstand, den er zur Begleitung auserkoren hat, mitnehmen. Meine Söhne sind beispielsweise auch schon mit Kleiderbügeln aus dem Haus gegangen, die ihnen vorher im Spiel als Motorsägen gedient haben.

Vereinbart, wo das Spielzeug bleibt

Wenn ihr losgeht oder unterwegs seid, solltet ihr vereinbaren, dass das Spielzeug in der Kita oder in der Schule ins Fach oder zum Lehrer beziehungsweise dem Betreuer wandert und dort bis zum Nachmittag bleibt. Du kannst es dort deinem Sohn auch in deine Tasche legen lassen, zur Abholung oder wenn er nach Hause kommt, ist es dann wieder zu Stelle, um ihn zu begleiten.

Wenn Absprachen nicht funktionieren und ein Spielzeug doch unter die Räder gerät, ist das ärgerlich, aber auch eine wichtige Erfahrung für deinen Sohn, die ihm hilft, später anders zu entscheiden.

Geschwister-Zoff im Auto

Du bist Mama mehrerer Kinder, ihr müsst morgens mit dem Auto los und jeden Tag gibt es Streit, wer wo im Auto sitzen darf? Wut, Gezeter und Geschrei sind nicht nur anstrengend zu schlichten und schlagen auf die Stimmung, sie kosten dich auch morgens wichtige Zeit und du gerätst noch mehr unter Stress.

Reserviert Plätze

Wenn es tatsächlich um die Sitzplätze geht – meine Söhne hatten eine sehr intensive Phase, in der der Platz auf der Fahrerseite der beliebteste war – lässt sich das leicht lösen. Nimm kleine Bilderrahmen, idealerweise mit Kunststoffscheibe anstatt mit Glas, und statte sie mit Fotos deiner Kinder aus. Führe ein Rotationsprinzip ein: Nach jeder Fahrt wandern die Bilder einen Platz weiter, so dass jeder regelmäßig auf dem beliebten Platz sitzen und vorab schon sehen kann, wann es soweit ist. Vermutlich lässt der Streit schon nach wenigen Wochen nach und einem deiner Kinder ist es nicht mehr so wichtig, wo es sitzt. Bei uns sind die Bilderrahmen längst Geschichte, sie waren aber hoch wirkungsvoll.

Streit auf der Rückbank

Ihr seid im Auto unterwegs und während du versuchst, am Steuer die Nerven zu bewahren und euch sicher an euer Ziel durch den Verkehr zu navigieren, brechen deine Kinder auf der Rückbank einen handfesten Streit nach dem anderen vom Zaun. Scheinbar jede Nichtigkeit gibt Zündstoff: „Guck nicht aus meinem Fenster!“, „Das Polizeiauto war auf meiner Seite!“, „Ich hab den Kran zuerst gesehen!“

Streit und Reibung hilft deinen Kindern, Stress abzubauen. Wenn es am Morgen viel Zeitdruck gab, kann es sein, dass sie sich so ein Ventil suchen, bevor sie in der Kita oder der Schule in den Tag starten, denn beieinander sind sie sicher, intuitiv wissen sie, dass die Bindung stark genug ist, um Konflikte auszutragen. Das ist eigentlich ein ziemlich gesundes Verhalten, oder? Wenn es nur nicht so nervenaufreibend wäre!

Den Gesamtablauf prüfen

Stress und Zeitdruck lassen sich nicht immer verhindern und du solltest dich auch nicht mit dem Gedanken strafen, dass es am Ende von dir abhängt, ob deine Kinder Konflikte austragen oder nicht. Das tun sie ohnehin, um ihre Entwicklung voranzutreiben, nicht immer steht Stressabbau dahinter. Du hast im Alltag schon genug Druck und Aufgaben, bitte lege nicht noch ein Gefühl der Überverantwortlichkeit für jede Stimmung in eurer Familie obendrauf, Geschwister streiten auch ohne Zeitdruck oft genug.

Ein Möglichkeit besteht darin, einen Blick auf die Gesamtsituation eurer morgendlichen Abläufe zu werfen: Wo gibt es Potential, Stress zu reduzieren? Bereite so viel wie möglich vor, lege Kleidung raus und Jacken zurecht – oft sind es nur winzig kleine Stellschrauben, an denen du drehen kannst, um Veränderung zu schaffen.

DAS STÄRKT EUREN ALLTAG – SORGT GEMEINSAM FÜR UNTERHALTUNG

Überlegt euch ein Unterhaltungsprogramm: Erstellt gemeinsame Musik- oder ein Hörspiel-Playlisten für die Autofahrt, das beschäftigt die kleinen Köpfe und sorgt für Ablenkung. Jeder darf etwas beisteuern und seine Ideen und Wünsche einbringen. Nehmt Bücher mit auf die Fahrt, die eine geeignete Größe haben, so dass die Kinder sie auch im Kindersitz gut festhalten können. Spielt gemeinsam Spiele, z. B. einer zählt die blauen, der andere die roten Autos. Wenn deine Kinder schon lesen können, können sie auch Autokennzeichen raten oder aus den Buchstaben Sätze bilden.

Unterwegs im Straßenverkehr

Ihr seid unterwegs zur Kita und dein Sohn läuft an der Straße immer wieder weg, weigert sich, an deine Hand zu kommen und hat keinerlei Sinn für die Gefahren, die in dieser Situation lauern. Für dich bedeutet diese Situation verständlicherweise Morgen für Morgen großen Stress.

Es ist tatsächlich so wie es scheint: Dein Sohn hat keinerlei oder nur wenig Bewusstsein für das Gefahrenpotential im Straßenverkehr. Unsere menschlichen Instinktprogramme sind in einer Zeit geschrieben worden, in der wir uns vor wilden Tieren in acht nehmen mussten, nicht aber vor Autos, Lastwagen und Motorrädern. Mache deinen Sohn früh mit dem Verkehr vertraut

Frühe Prägung ist in diesem Fall am effektivsten. Beginne so früh wie möglich mit dem Straßenverkehrstraining – am besten, sobald dein Sohn laufen kann. Bordsteinkanten sind dann schon stets Stoppsteine. Er lernt von dir, dass Autos gefährlich sind und dass er an der Straße deine Hand nehmen muss.

Jetzt kann es natürlich sein, dass dein Sohn ab einem gewissen Alter trotzdem nicht mehr an deiner Hand laufen möchte. Wenn er bis dahin sicher gelernt hat, an der Straße bei dir zu bleiben oder sich am Kinderwagen festzuhalten, finde ich das unproblematisch. Es tut Kindern immer gut, wenn sie spüren, dass wir ihnen etwas zutrauen und dass wir uns auf sie verlassen. Allerdings gibt es hier keinerlei Verhandlungsspielraum.

DAS STÄRKT EUREN ALLTAG – WIEDERHOLE REGELN IMMER WIEDER

Besprecht die Regeln in Ruhe, bevor ihr losgeht – immer und immer wieder, Kinder müssen Dinge hunderte Male hören und wiederholen, bevor sie sie automatisiert abrufen können. Gehe dazu in die Hocke, damit du mit deinem Sohn auf Augenhöhe bist, und stelle sicher, dass er dich anblickt und wirklich zuhört und dass ihr euch zu diesem Zeitpunkt in keiner Stresssituation befindet, sonst wird es für ihn schier unmöglich sein, eure Absprachen zu verinnerlichen. Sprecht die Situationen durch und lasse deinen Sohn wiederholen, wie die Regeln lauten, sei dabei liebevoll, aber bestimmt.

Erkläre deinem Sohn, warum Straßenverkehr gefährlich ist

Verzichte nach Möglichkeit darauf, Strafen oder Konsequenzen, wie „sonst musst du in den Kinderwagen“, anzukündigen und anzuwenden. Strafen gehen immer zu Lasten eurer Beziehung und des Selbstwerts deines Sohnes. Sprecht über die natürlichen Konsequenzen, die ein Verkehrsunfall haben kann, also die Folgen, die tatsächlich eintreten können, wenn etwas geschieht.

Im Zweifelsfall geht natürlich immer die Sicherheit deines Kindes vor. Es gibt sogar spezielle Kinderrucksäcke, die an der Rückseite eine Art Leine integriert haben. Bedenklich sind derartige Hilfsmittel, wenn sie überall und ständig eingesetzt werden und die Autonomie des Kindes dauerhaft unterdrücken. Aber wenn ihr beginnt zu üben, wie man sich im Straßenverkehr richtig verhält, kann es durchaus erstmal hilfreich und vor allem sicherer sein.

EXTRA-TIPP: TOMATE ÜBERFAHREN

Es kann deinen Sohn auch nachhaltig beeindrucken, wenn du ihm zeigst, was geschieht, wenn ein Auto über eine Tomate oder eine Gurke rollt. Das klingt vielleicht ein wenig absurd, aber denke immer daran, dass deinem Sohn alle Erfahrungswerte für derlei Ereignisse fehlen und es ihm schlichtweg unmöglich ist, sich vorzustellen, wie gefährlich ein solcher Unfall für ihn ist. So wird die Situation für ihn anschaulicher und leichter vorstellbar.

Fangen spielen? Lieber nicht!

Vermeide es, mit deinem Sohn Fangen zu spielen – am besten bereits im Krabbelalter. Kinder können nicht einschätzen, ob ein Bürgersteig oder eine Straßenkreuzung geeignete Spielumgebungen sind. Im Zweifelsfall kann plötzlich ein Spielimpuls kommen, den dein Sohn nicht unterdrücken kann, weil er dazu einfach nicht in der Lage ist.

Wenn dein Sohn wegläuft, versuche ihn mit schnellen großen Schritten einzuholen, anstatt zu rennen, wenn es die Situation erlaubt. Fasse ihm nicht von hinten an die Schulter, sondern stelle dich vor ihn, gehe in die Hocke und sprich ihn an. Diese Vorgehensweise gilt natürlich nicht für absolute Notfallsituationen, da gehen Sicherheit und Gesundheit immer vor.

Im Alltag ist es allerdings sehr nützlich und sinnvoll, mit kleinen Kindern nicht Fangen zu spielen und wie beschrieben vorzugehen, damit dieser Impuls in kritischen Momenten gar nicht erst aufkommt.

Mit Abschiedsschmerz umgehen

Immer wieder gibt es morgens in der Kita oder sogar noch auf dem Schulhof Tränen, weil dein Sohn nicht alleine dableiben will. Diese Abschiedsszenen gehören mit Sicherheit zu den aufwühlendsten und anstrengendsten des Elternlebens, weil du zerrissen bist zwischen Liebe, Verpflichtung und dem Wunsch nach reibungslosen Abläufen. Allmorgendlicher Trennungsschmerz ist schwierig für alle Beteiligten. Fast alle Eltern kommen irgendwann in die Situation tränenreicher Abschiede.

Alle Gefühle dürfen sein

Dein Sohn hat ein Recht auf seine Gefühle. Es ist erst einmal vollkommen in Ordnung und gut, dass er zeigt, wie es ihm geht, auch wenn das für dich als Mama hart ist, weil du natürlich nicht möchtest, dass es deinem Kind nicht gut geht.

Zeige Verständnis und vermeide es deinem Sohn zu sagen oder zu signalisieren, dass er sich in irgendeiner Form zusammenreißen oder seine Gefühle unterdrücken soll. Du kannst ihm trotz seiner Aufgewühltheit in diesem Moment Sicherheit und Vertrauen schenken, indem du diese ausstrahlst und seine Gefühle in dieser Situation als Teil seines Seins annimmst.

Begleite deinen Sohn in seinen Gefühlen

Trauer und Abschiedsschmerz sind keine Katastrophe, wenn du gut damit umgehst und deinen Sohn durch diese Phase begleitest – denn bei den meisten Kindern sind es Phasen.

Nur ein kleiner Anteil aller Kinder leidet tatsächlich unter einer Trennungsangst, die einer therapeutischen Behandlung bedarf. Aber selbst wenn es so ist, dann ist es nur ein Zeichen der Stärke, sich Unterstützung zu suchen.

EXTRA-TIPP: ERZIEHER UND LEHRER INS BOOT HOLEN

Sprich mit Erziehern und Lehrern über deine Sorgen und Bedenken, damit du mehr Sicherheit in dieser Situation erlangst. Findet gemeinsam einen Weg, mit der morgendlichen Situation umzugehen. Es kann deinem Sohn helfen, wenn er erstmal direkt von dir in die Arme einer Bezugspersonen „wandern" und ein Buch anschauen kann, probiert aus, was für euch funktioniert. Findet euer Abschiedsritual, das immer gleich ist.

Verlässliche Absprachen und sichere Abschiede

Es gibt deinem Sohn Sicherheit, wenn du Zuverlässigkeit zeigst und Absprachen einhältst. Sei zu den Zeiten da, die du angekündigt hast, und halte auch alle anderen Bezugspersonen, die in das Bringen oder Abholen involviert sind, dazu an, es dir gleich zu tun. Im Laufe der Zeit macht dein Sohn mehr und mehr Erfahrungen damit, dass die Menschen, denen er vertraut, zuverlässig sind.

Gehe nie, ohne dich zu verabschieden. Auch wenn es in einem Moment der Ablenkung manchmal leichter erscheint, schnell aus der Tür zu huschen um die Krise zu vermeiden, und auch, wenn dein Sohn die Erfahrung macht, dass du trotzdem wiederkommst – sein Unterbewusst speichert ab, dass du ohne Abschied gegangen bist und verunsichert sein Urvertrauen.

Meine Söhne trennen sich auch nicht immer gleich gerne und mit leichtem Herzen. Es hilft ihnen, wenn ich noch ein paar Minuten bleibe, mir einen Sprung von der Kletterwand ansehe oder sie in den Bastelraum begleite, am Fenster geben wir uns dann noch ein Küsschen und winken zum Abschied, dann darf ich gehen.

DAS STÄRKT DEINEN SOHN – SEI VERSTÄNDNISVOLL UND EINFÜHLSAM

Es ist für Kinder nicht immer einfach und reibungslos, sich in unserer Erwachsenenwelt mit Verpflichtungen und Terminen zurechtzufinden. Einfühlungsvermögen und Verständnis sind starke Werkzeuge, die du nutzen kannst, um deinen Sohn zu unterstützen. Es geht dabei auf keinen Fall darum, deinem Sohn jeden Schmerz und jede Frustration zu ersparen. Das ist leider nicht möglich und auch nicht dienlich, da es wichtig ist, dass er Frustrationstoleranz und Resilienz entwickelt, also die Fähigkeit, auch schwierige Situationen gut und ohne negative seelische Folgen zu überstehen. Wenn du gemeinsam mit ihm durch diese Zeit gehst, seine Gefühle ernst nimmst und ihm signalisierst, dass es vollkommen in Ordnung ist, so zu empfinden und dass ihr gemeinsam eine Lösung findet, stärkst du deinen Sohn enorm.

Weinende Kinder zurücklassen?

Ein unter Eltern und Betreuern viel diskutierter Punkt ist, ob es gut und richtig ist, ein weinendes Kind zurückzulassen. Wichtig ist, dass der Abschied für alle erträglich ist und dass dein Sohn durch die Gefühlsstürme, die er gerade durchlebt, begleitet wird – von einer Person, der er vertraut, zu der er eine Bindung hat. Wenn er eine angemessene Eingewöhnung in der Kita hatte, besteht diese sichere Beziehung zu einer Erzieherin oder einem Erzieher. Es ist eine Kompetenz, wenn dein Sohn in der Lage ist, sich auch von anderen Bezugspersonen trösten zu lassen – auch wenn sich das für uns Mamas nicht immer gut anfühlt.

Entgegen früherer, doch immer noch verbreiteter Meinungen, setzen Kinder im Kita-Alter Tränen niemals bewusst ein, um etwas „ihren Willen durchzusetzen“. Frust und Trauer sind reale Gefühle, die Kinder unvermittelt und deutlich zeigen, mit erpresserischem Verhalten hat das nichts zu tun.

Zu viel Liebe gibt es nicht

Heute wissen wir: Kein Kind kann mit zu viel Liebe verwöhnt werden. Bleib verständnis- und liebevoll, lass dich nicht von Meinungen und Ratschlägen anderer irritieren, sondern achte auf dein Gefühl und deinen Eindruck.

Wenn Trennungen dauerhaft erzwungen werden, kann das unbewusste Ängste eher verstärken, als dass es sie lindert, auch wenn dein Sohn irgendwann resignatives Verhalten zeigt. Findet für euch ein Abschiedsritual und Abläufe, die für euch funktionieren. Stelle deinem Sohn einen Begleiter an die Seite: Lass ihn ein Kuscheltier oder ein geliebtes Spielzeug mitnehmen und gib ihm Raum und Zeit für seine Gefühle. Er wird sich einleben.

DER VORMITTAG UND DER MITTAG

In der Regel ist dein Sohn vermutlich mittags in der Kita oder in der Schule. Doch es gibt neben dem Wochenende immer wieder Zeiten, in denen du dein Kind zu Hause betreuen und in deine ganz alltäglichen Abläufe einbeziehen musst. Das ist oft ein echter Drahtseilakt, weil es immer wieder Situationen gibt, in denen deine Aufgaben und Pflichten mit den Bedürfnissen und Ansprüchen deines Kindes aufeinanderprallen. An dieser Stelle möchte ich mir mit dir diese Situationen anschauen, die bei vielen Familien in den Vormittags- und Mittagsbereich fallen. Vielleicht ist eure Alltagsstruktur eine andere und du entdeckst hier Punkte, die bei euch eher am Nachmittag oder Abend relevant sind. Behalte dabei im Hinterkopf, dass es universelle Lösungen genauso wenig gibt wie universelle Alltagsstrukturen und Tagesabläufe, die für jeden funktionieren. Das muss auch nicht sein, denn wir alle sind individuelle Menschen, die zu einzigartigen Familien mit einzigartigen Lebenswegen zusammengewachsen sind. Tipps für das Mittagessen und für Pausen eignen sich in der Regel auch für alle anderen Mahl- und Tageszeiten.

Dein Sohn beschäftigt sich nicht alleine

Wir alle wünschen uns Eigenständigkeit unserer Söhne und die Fähigkeit, dass sie sich auch alleine beschäftigen können. Das liegt darin begründet, dass wir möchten, dass aus dem Jungen ein Mann wird, der selbst für sich sorgen und einstehen kann, der Verantwortung übernimmt und sein Leben selbst „auf die Reihe bekommt". Das ist ein guter und legitimer Anspruch.

Mütter brauchen auch mal eine Pause

Hand aufs Herz: Wir wünschen uns diese Eigenständigkeit aber auch für uns selbst. Denn das Leben mit Kind und alle Anforderungen, die im Familienalltag auf uns einprasseln, sind anstrengend. Wir sehnen uns nach ein paar ruhigen Minuten für uns, nach einem heißen Kaffee, den wir ungestört trinken können, nach einer sauberen und schön eingerichteten Wohnung, nach Zeit mit dem Partner und Zeit zum Auftanken. Das alles sind absolut berechtigte und wichtige Wünsche.

Doch der Versuch, stets alle Bedürfnisse zu befriedigen, ist in etwa so aussichtsreich wie der Versuch, eine Großfamilie mit einem Topflappen zuzudecken. In der Regel sind es die Mütter, die sich bei diesen Versuchen immer wieder krummlegen, sich selbst hintenanstellen, scheitern und neue Wege suchen.

Wenn du in deinem ohnehin überfüllten und anspruchsvollen Alltag durch deinen Sohn auch immer wieder aus Tätigkeiten herausgerissen wirst und das Gefühl hast, permanent auf Abruf sein zu müssen, ist das anstrengend und zermürbend – aber nicht aussichtslos.

Du schenkst Aufmerksamkeit ohne Ende

Vielleicht hast du das Gefühl, deinem Sohn bereits sehr viel Aufmerksamkeit zu schenken. Dennoch erscheinen dir seine Forderungen wie ein Fass ohne Boden und du hast das Gefühl, es ist erst dann genug, wenn du alle anderen Dinge und vor allem dich selbst komplett aufgibst und permanent nur um ihn kreist.

Kinder brauchen Aufmerksamkeit und Zuwendung – das steht außer Frage. Aber sie benötigen sie nicht ununterbrochen. Es kann sein, dass dein Sohn nicht die Art von Aufmerksamkeit und Zuwendung bekommt, der er persönlich braucht. Das klingt vielleicht zunächst schockierend, liegt aber in einer ganz einfach Tatsache begründet, die uns oft nicht bewusst ist.

Den inneren Topf richtig befüllen

Jeder Mensch hat eine Art Liebestopf oder Liebestank in sich, aus dem er Selbstwert, Zufriedenheit und Sicherheit schöpft. Wir sind soziale Wesen und auf die Verbindung mit anderen Menschen angewiesen, um diese Töpfe in uns zu füllen, dazu sind wir nicht komplett selbst in der Lage.

Auch dein Sohn trägt einen solchen Topf in sich. Es gibt verschiedene Arten der Zuwendung, die sein Gefäß füllen können. Die Zuwendungsarten kannst du dir wie Kanäle vorstellen, die dort hinein münden. In jedem Menschen sind diese Kanäle angelegt, jedoch hat jedes Individuum seinen Lieblingskanal, aus dem er am stärksten das Gefühl speist, sich geliebt und angenommen zu fühlen.

Der eine füllt seinen Topf, wenn er Hilfe und Unterstützung von anderen bekommt. Der andere braucht regelmäßig ungeteilte Zeit und Aufmerksamkeit allein mit einer wichtigen Bezugsperson. Viele Menschen füllen ihren Topf über Körperkontakt und Nähe, andere wünschen sich positive Rückmeldungen und Zuspruch.

Ein weiterer Kanal ist die Zuwendung in Form kleiner Geschenke – wobei dies keineswegs große Investitionen seinen müssen: eine kleine Blume, ein Briefchen, ein Stück Kuchen oder eine schöne Muschel. Diese Kanäle sind auch in deinem Sohn angelegt und auch er hat einen bevorzugten Weg, seinen Tank zu befüllen.

Woher kommt der Selbstwert?

Achte darauf, woraus dein Sohn Selbstwert und das Gefühl, geliebt zu werden zieht und ob er auch wirklich regelmäßig die für ihn richtige Art der Zuwendung erfährt. Selbst wenn es deine ungeteilte Aufmerksamkeit ist, bedeutet das nicht, dass er sie rund um die Uhr braucht. Aber während eurer kleinen gemeinsamen Zeitinseln braucht er dich komplett im Hier und Jetzt, nicht innerlich auf dem Sprung oder in Gedanken beim Wocheneinkauf. Ansonsten wird er das spüren und nicht richtig auftanken.

Schiebe die Bedürfnisse deines Sohnes nicht zu oft auf

Häufig ist uns gar nicht bewusst, wie oft wir die Bedürfnisse unserer Kinder aufschieben. „Warte kurz“, „Jetzt nicht“, „Gleich“, „Ich kann gerade nicht“ – wie oft hören sie das am Tag wirklich? Es geht nicht darum, alle Bedürfnisse immer sofort zu beantworten. Damit ist niemandem wirklich gedient. Kinder mit gefülltem Liebestank können durchaus gut warten und sich auch alleine beschäftigen. Es geht darum, das große Ganze im Blick zu behalten und darauf zu achten, dass dein Sohn nicht innerlich in ein Defizit gerät und dies durch starke Forderungen oder in der nächsten Stufe durch provozierendes Verhalten signalisiert.

Kleine gemeinsame Zeitinseln schaffen

Wenn dein Sohn dich immer und immer wieder bei den Dingen unterbricht, die du tun möchtest, hast du verschiedene Möglichkeiten. Lass das, was du tust, tatsächlich kurz ruhen, lies eine kleine Geschichte vor, spielt eine schnelle Runde Karten, malt ein Bild. Mit dem Wissen, dass du gerade seinen inneren Topf befüllst, wird dir das wesentlich leichter fallen und dein Sohn wird es danach für eine Zeit schaffen, Dinge alleine zu tun. Du kannst ihn aber auch in deine Aufgaben einbeziehen und ihn mitmachen lassen.

DAS ENTSPANNT DICH – RICHTE DEN BLICK AUF DEN GEWINN

Kinder stellen unser Leben auf den Kopf, sprengen Strukturen, die wir für uns über Jahrzehnte aufgebaut haben und stellen uns täglich vor neue Herausforderungen. Sie erfordern von uns Spontanität und Flexibilität. In unserem Alltag haben wir manchmal den Eindruck, dass eigentlich gar nichts mehr wirklich planbar ist. Wie sehr uns das persönlich stresst und herausfordert, ist Typsache. Der Übertritt ins Elternleben ist wohl eine der intensivsten und aufrüttelndsten Schwellensituationen, die wir Menschen erleben können. Doch in all dem Durcheinander und dem Kontrollverlust sprechen unsere Kinder auch jeden Tag wertvolle Einladungen aus. Wir dürfen entschleunigen, die Erfahrung machen, was wirklich wichtig ist und uns erfüllt. Wir dürfen Pläne loslassen und erleben, dass wir sie oftmals gar nicht brauchen. Mit Kindern dürfen wir wieder im gegenwärtigen Moment ankommen und nicht innerlich permanent in Vergangenheit oder Zukunft festhängen. Denn Kinder holen uns immer wieder ins Hier und Jetzt. Sie haben ein untrügliches Gespür dafür, wenn wir dauerhaft mental abwesend sind und signalisieren uns das. Das kann uns stressen und nerven. Wir können aber auch dankbar dafür sein, dass sie uns immer wieder daran erinnern, das Glück in der Gegenwart und den kleinen Momenten zu finden und was es bedeutet, einen anderen Menschen wirklich zu sehen und wahrhaftig zuzuhören. Daraus erwächst eine Erfüllung, die uns keine noch so saubere Wohnung und kein noch so pünktlich fertig gekochtes Mittagessen geben kann, und ein riesiges Maß an Freiheit.

Mittagessen

Mahlzeiten zubereiten, am Familientisch essen, gute Manieren und kindliche Essgewohnheiten sind ein Feld, das eigene Bücher füllt. Alle Themen rund ums Essen bieten jede Menge Konflikt- und Stresspotenzial. Sie sind der Boden, auf dem Sorgen um ausreichende Nährstoffversorgung gedeihen – wie soll mein Sohn nur gesund und kraftvoll aufwachsen, wenn er sich wochenlang nur von trockenen Nudeln ernährt?! Und sie sind die Spielfelder familiärer Streitigkeiten, sowohl zwischen Eltern und Kindern als auch unter Geschwistern. Alle Eltern wissen: Entspannt essen? Das ist ein Kapitel aus der Zeit, bevor sie kleine Kinder hatten.

Essen bedeutet so viel mehr als nur Nahrungsaufnahme

Neben all den Überlegungen zur gesunden Ernährung, der richtigen Balance zwischen gesunder Kost und Eskalationen am Süßigkeiten-Regal bedeutet uns Menschen Essen doch noch so viel mehr. Gemeinsame Mahlzeiten sind ein wichtiger und nicht wegzudenkender kultureller Aspekt. Wir Menschen kommen zum Essen zusammen, um zu feiern, zu trauern, zu gedenken, Verträge zu schließen und um über Krieg und Frieden zu entscheiden.

Gemeinsame Mahlzeiten sind feste Eckpfeiler unserer gesellschaftlichen Rituale. Was wäre Weihnachten ohne genau das Gericht, das die Familie traditionell immer gemeinsam isst? Dabei ist es unerheblich, ob Gänsebraten oder Kartoffelsalat mit Bockwürstchen auf den Tisch kommen. Was wäre Ostern ohne ein ausgiebiges Frühstück mit bunten Eiern und die Geburtstagstafel ohne Kuchen?

Tischmanieren und rigide Erziehungsmethoden deiner Kindheit

Wir selbst sind es von Kindesbeinen an gewohnt, gesellschaftliche Ereignisse mit Mahlzeiten zu verknüpfen. All das schwingt in unserem Unterbewusstsein mit, wenn wir mit unserer Familie am Tisch sitzen. Doch einen wichtigen Punkt vergessen wir jetzt, wo wir selbst Eltern sind, oft: Wie mühsam wir als Kinder lernen mussten, uns in diesen gesellschaftlichen Rahmen einzufügen.

Vielen von uns wurden dabei noch sehr strenge und traditionelle Regeln vorgegeben:

- Sitz gerade und nimm die Ellbogen vom Tisch!
- Beim Essen spricht man nicht!
- Es wird nicht mit Fingern gegessen!
- Iss deinen Teller leer!
- Du bleibst sitzen, bis alle aufgegessen haben!

Oft sind die Erinnerungen daran nur noch dunkel vorhanden, aber keineswegs immer gemütlich. Na und, uns hat es doch auch nicht geschadet! Oder vielleicht doch? Wie ist deine natürliche Beziehung zum Essen? Ist sie überhaupt noch vorhanden oder musst du tatsächlich auch wie aus einem Zwang heraus immer deinen Teller leer essen, obwohl du längst satt bist? Und was ist eigentlich mit deinem natürlichen Hungergefühl? Isst du intuitiv?

Ich möchte keineswegs die Erziehung und die Erfahrungen, die wir selbst erlebt haben, für alles Ungleichgewicht verantwortlich machen, ich möchte lediglich einen Impuls geben, einmal zu hinterfragen, ob eine dogmatische, rigide Erziehung für uns tatsächlich immer so schadlos war, wie wir manchmal leichthin annehmen.

Sorgen und Befürchtungen sitzen mit am Familientisch

Wenn du heute mit deiner eigenen Familie isst, sitzen oft noch ungeladene Gäste mit am Tisch: Sorgen und Befürchtungen. Wenn du deinen Sohn im Essen stochern oder mit Erbsen und Kartoffeln spielen siehst, geistert vielleicht ein Teil deiner Gedanken – oft vollkommen unbemerkt – in der Zukunft herum:

- *Wird er es denn nie lernen?*
- *Er wird niemals ein Geschäftsessen führen oder bei den zukünftigen Schwiegereltern beim freundlichen Tischgespräch glänzen können, wenn er sich so benimmt.*
- *Wenn er jetzt keine Tischmanieren lernt, lernt er sie nie und dann wird es auf mich zurückfallen.*

Wir alle haben zu unterschiedlichen Zeitpunkten diese kleine strenge Stimme im Kopf, die uns lenkt und beeinflusst. Doch sie ist nicht immer einer guter Berater, ist sie doch oft Verursacher von Stress und Druck, denn auch gesellschaftliche Gepflogenheiten sind ein Lernprozess, für den dein Sohn Zeit braucht. Aber schauen wir uns doch mal genauer an, was gemeinsame Mahlzeiten mit deinem Sohn und alles, was dazu gehört, so anstrengend machen kann.

Kochen und Kinder beschäftigen

Dein Sohn ist über Mittag zu Hause und immer wieder habt ihr das gleiche Dilemma: Sobald du das Essen zubereiten willst, wirst du dringend als Spielpartner gebraucht, deinem Sohn ist langweilig oder er steht alle drei Minuten mit einem neuen Anliegen neben dir, so dass du kaum dazu kommst, mal einen Handschlag zu Ende zu führen.

Lass deinen kleinen Helfer mitmachen

Lass deinen Sohn mitmachen. Selbst wenn er die Kartoffeln krumm schneidet und Möhren auf den Durchmesser eines Mikadostäbchens schält, er lernt dabei jede Menge über Lebensmittel. Lass ihn Tätigkeiten ausprobieren und Lebensmittel kosten, so begeisterst du ihn ganz natürlich für Mahlzeiten und deren Zubereitung.

Insbesondere im Kita-Alter und davor brennen Kinder darauf, uns bei den alltäglichen Arbeiten zu unterstützen. Ergreife diese Chance, deinen Sohn auch weiterhin dafür zu motivieren, indem du ihn miteinbeziehst – auch wenn es für dich anfangs anstrengender und chaotischer ist als ohne ihn.

EXTRA-TIPP: LERNTURM BAUEN

Du willst deinen kleinen Helfer sicher mitwirken lassen? Baue ihm einen Lernturm! Besorge dir zwei günstige Hocker aus Holz. Es empfiehlt sich, einen Stufenhocker als Unterbau zu wählen, der deinem Sohn das Klettern erleichtert. Einen einfachen, viereckigen Hocker, dessen Beine durch Streben miteinander verbunden sind, nimmst du für den Aufbau. Die Streben bieten am Ende einen guten Rausfallschutz. Lass entweder beim Zusammenbau eine Strebe als Einstieg aus oder entferne bei einem bereits zusammengebauten Hocker eine Strebe mit einer Säge. Behandele in diesem Fall aber die Sägefläche abschließend mit Schleifpapier, damit keine Splitter oder scharfen Kanten entstehen.

Schraube den einfachen Hocker umgedreht mit vier Holzschrauben auf die oberste Ebene des Stufenhockers. Fertig ist der Lernturm! Wenn du möchtest, streiche den Turm an, lasiere ihn oder lass deinen Sohn bei der Gestaltung mithelfen. Der Lernturm ermöglicht ihm einen sicheren Stand in einer Höhe, in der du ihn gut in alle Küchentätigkeiten einbinden kannst und die ihm einen tollen Überblick verschafft.

Spannende Beschäftigungen während du kochst

Es gibt verschiedene Beschäftigungsideen für die Zeit, in der du das Essen zubereitest, falls dein Sohn sich langweilt. Schlage ihm beispielsweise vor, sein neuestes Bauprojekt am Küchentisch weiterzuführen und hört dabei ein Hörspiel. Halte die Langeweile deines Sohnes auch einfach mal einen Moment aus, so lange sie nicht in totale Übellaunigkeit umschlägt. Aus diesen Situationen heraus entwickeln Kinder oft die interessantesten Ideen.

Für deinen Sohn ist es wichtig zu lernen, dass es Aufgaben in eurem Alltag gibt, die einfach erledigt werden müssen – auch wenn man dazu nicht immer Lust hat. Es spricht auch nichts dagegen, eine solche „Beschäftigungslücke" mit Bildschirm- bzw. Medienzeit zu füllen, wenn Inhalt und Dauer zum Alter deines Sohnes passen. Empfehlungen hierzu findest du im Kapitel „Bildschirmzeiten und Medienkonsum".

! EXTRA-TIPP: BESCHÄFTIGUNGSKISTE

Halte eine Kiste mit Beschäftigungsmöglichkeiten bereit, die du nur hin und wieder hervorzauberst, so dass die Inhalte spannend bleiben. Befülle sie mit Bastelsachen, Pfeifenreinigern, Aufklebern, Knete, Ausmalbildern und ähnlichem Material, das deinen Sohn fasziniert und das für ihn etwas Besonderes ist.

Essensmäkler und Mahlzeiten-Chaoten

Du kannst „Das schmeckt mir nicht!“ und „Ich habe keinen Hunger!“ nicht mehr hören? Du hast das Gefühl, außer Nudeln, Pommes und Fischstäbchen bekommst du in deinen Sohn nichts hinein und er lehnt einfach alles ab, was du kochst und anbietest? Das ist anstrengend, nervig und frustrierend, schließlich kostet dich Kochen Zeit und Geld, außerdem möchtest du, dass dein Sohn alle Nährstoffe bekommt, die er für seine Gesundheit braucht.

Viele Kinder sind „Steinzeit-Kinder"

Insbesondere kleinere Kinder verhalten sich oft wie in der Steinzeit. Das klingt komisch? Ich erkläre es dir! Obwohl wir längst sesshaft geworden sind und uns nicht mehr durchs Sammeln und Jagen ernähren, ticken viele Kinder noch so wie die Kinder vor Tausenden von Jahren – insbesondere in Bezug auf ihr Essverhalten. Früher haben diejenigen überlebt, die nicht zu viel riskiert und beispielsweise beim Essen keine Experimente gewagt haben. Wer weiß schon, ob diese Wurzel oder jenes Kraut bekömmlich sind? Also bleib lieber bei dem, was du kennst, lautete die Devise. So sind auch viele Kinder gestrickt – vielleicht gehört dein Sohn dazu und er kann sich nur langsam auf Neues einlassen.

Süßes gewinnt (fast) immer

Klar, dass süßliche Speisen so gut wie immer gewinnen würden, wenn du deinen Sohn frei entscheiden ließest. Schließlich schmeckt schon die Muttermilch – wie auch die Pre-Milch und andere Muttermilchalternativen – leicht süßlich. So verhält es sich auch mit reifen Beeren und Früchten, die schon unseren Vorfahren gern aßen, und die nur für begrenzte Zeit verfügbare waren. Aus dieser Zeit stammt auch uunser Hang, viel davon auf einmal zu essen. Der süße Geschmack ist ein typisches Kennzeichnen für Lebensmittel mit schnell verfügbarer Energie. Damals war das lebensnotwendig, heute gibt es sehr viele industriell erzeugte süße Speisen mit geringer Nährstoffdichte, die nicht empfehlenswert sind für eine ausgewogene Ernährung.

Natürliche Sicherheitsbarriere

Alle Kinder haben gewissermaßen eine angeborene Sicherheitsbarriere bei der Auswahl von Nahrungsmitteln. Auch das haben sie von unseren Vorfahren geerbt. Es gibt in der Natur keine Pflanzen, die süß schmecken und gleichzeitig unbekömmlich oder gar giftig sind. Süß bedeutet also ein sicheres Lebensmittel und ist dadurch ein Überlebensgarant.

Alles, was bitter oder sauer schmeckt, könnte hingegen giftig sein. Deshalb ist es nicht verwunderlich, wenn viele Kinder etwa nach dem ersten Geburtstag ihren Speiseplans stark einschränken: Sie werden dann mobil und verlassen immer mal wieder das Sichtfeld der Eltern. Intuitiv spüren sie, dass nun nicht mehr dauerhaft jemand darauf achtet, was sie zu sich nehmen. Also gehen sie auf Nummer sicher. Etwa mit viereinhalb Jahren werden die meisten kleinen Mäkler wieder experimentierfreudiger.

Dein Sohn holt sich, was er braucht

Kinder sind schlichtweg unterschiedlich – auch beim Essen. Studien haben gezeigt, dass es keine nennenswerten Unterschiede in der Entwicklung und dem Wachstum von guten Essern und kleinen Nörglern gibt. Offenbar stimmt es tatsächlich: Kinder holen sich, was sie brauchen mit intuitiver Zielsicherheit. Wichtig ist in diesem Zusammenhang natürlich, dass das Angebot stimmt, aus dem sie wählen können.

Auch beim Essen gilt: Raus aus der Vergleichsfalle

Hör auf zu vergleichen, dich, deinen Sohn, eure Familie. Ihr und eure Umstände seid einmalig. Wenn wir uns vergleichen, wählen wir winzig kleine Momentausschnitte aus dem Leben der anderen, um daraus Maßstäbe für uns zu erschaffen, die auf uns einfach nicht passen können. Vergleichen macht in der Regel immer unglücklich – auch in anderen Bereichen der Elternschaft und des Lebens.

Ich weiß, wie schwer es ist, insbesondere im Hinblick auf die Ernährung deines Kindes, loszulassen und den Druck rauszunehmen. Vermutlich gibt es kein Thema, das neben Schlafen und Stillen oder Flaschegeben mehr Eltern in den ersten Lebensjahren ihres Kindes umtreibt und stresst. Wenn du gesunde Lebensmittel anbietest, Süßigkeiten und Zuckerhaltiges erst nach einer Hauptmahlzeit erlaubst und darauf vertraust, dass dein Kind sich wirklich holt, was es braucht, wird ein Großteil deiner Sorge und damit auch des Drucks verschwinden. Wenn du dich etwa für eine zucker- oder fleischfreie Ernährung entschieden hast, gibt es tolle Alternativen für euren Speiseplan. Alles Übrige erledigen die Zeit und ein paar Tricks. Verzichte darauf, essen oder nicht essen als Druckmittel einzusetzen, so viele von uns Erwachsenen haben das intuitive Verhältnis zu Appetit und Hunger verloren, das bei unseren Kindern noch vorhanden ist.

Gemüse untermogeln

Ich weiß, Kinder können sehr konsequente „trockene Nudeln“-Phasen haben, dennoch ist dein Sohn vielleicht für Tomatensoße zu haben. Koche diese einfach mit Möhren und ein bisschen Zucchini, pürier das Ganze, und erzähl deinem Sohn nicht, was drin ist. Oft lassen sich Kinder auch mit Namen wie „Zwergensoße“ oder ähnlichem begeistern und ehe du dich versiehst, hat dein Sohn quasi aus Versehen Gemüse gegessen. Bis zur Unkenntlichkeit püriertes Gemüse lässt sich auch gut in Aufläufen oder gesunden Pizzasoßen verstecken, wenn du dann noch Vollkornnudeln bzw. Dinkel- anstatt Weizenmehl benutzt, ist das schon fast die Königsklasse. In Phasen, in denen meine Söhne jegliche Form von Gemüse standhaft verweigert haben, habe ich ihnen Möhrensaft angeboten und sie haben ihn geliebt. Falls das bei euch funktioniert, solltest du darauf achten, dass dein Sohn dennoch ausreichend Wasser trinkt und ihr abends auf Saft verzichtest.

Bringt das Essen gemeinsam auf den Tisch

Beziehe deinen Sohn in die Essensplanung mit ein. Du kannst ihn aus zwei Kategorien wählen lassen: Gerichte, die er mag, die ausgewogen sind, und Schlemmer-Gerichte wie Pommes und Co., die einmal in der Woche auf den Tisch kommen. Bitte deinen Sohn, dir bei der Zubereitung zu helfen. Beim Schnippeln lernt er die unterschiedlichen Gemüsesorten kennen, vielleicht schält er eine Kartoffel endlos lange und bis zur Unkenntlichkeit, aber sei es drum! Er wird mit Stolz und Freude essen, was er selbst zubereitet hat. Kinder signalisieren sehr früh, dass sie im Haushalt helfen wollen. Wir neigen dazu, diese Bereitschaft frühzeitig zu ersticken, da es für uns in der Regel erstmal mehr Arbeit und jede Menge Chaos bedeutet, wenn wir sie mitmachen lassen. Doch vergiss nicht: Auch wir durften das alles irgendwann einmal lernen und je früher wir Kinder Tätigkeiten zutrauen und sie selbst ausführen lassen, desto schneller sind sie darin sicher und eigenständig, und desto selbstverständlicher ist es für sie auch, diese Dinge zu tun. Es gibt übrigens spezielle Kindermesser mit abgerundeter Klinge und Schneidschutz für erste Schnippelexperimente. Stufenhochstühle und Lerntürme, (siehe Bauanleitung „Extra-Tipp“ im Kapitel „Kochen und Kinder beschäftigen“) geben deinem kleinen Helfer Sicherheit und einen festen Stand.

Fülle den Teller deines Sohnes bedacht

Insbesondere, wenn dein Sohn Essgewohnheiten wie ein Spatz hat, können ihn zu große Portionen überfordern. Wenn ein – in seinen Augen – übervoller Teller vor ihm steht, kann die Hemmschwelle, überhaupt mit dem Essen anzufangen, einfach zu groß werden. Halte die Portion klein. Wenn er seine geschafft hat, ist immer noch ein Nachschlag drin.

Was für uns völlig normal ist, stellt viele Kinder innerlich vor Schwierigkeiten und sie gehen auf Abwehr: wenn die einzelnen Speisen vermischt sind. In unseren Erwachsenenköpfen gehört Soße einfach auf die Kartoffeln oder die Nudeln, und das Apfelmus gleich neben die Reibeplätzchen. Es ist aber gut möglich, dass dein Sohn das überhaupt nicht gerne mag, da reicht es schon aus, wenn ein Stück Karotte eine andere Komponente berührt hat – und der Ofen ist aus. Verwende sogenannte Menüteller mit unterschiedlichen Fächern. Auch wenn dein Sohn schon aus dem Kleinkindalter heraus ist, kann das sehr hilfreich sein, weil er damit einfach selbst entscheiden kann, was vermischt werden und einander berühren darf und was nicht.

Kreatives Anrichten animiert zum Verspeisen

Die Praxis zeigt, nicht nur mitmachen zu dürfen, regt Kinder zum Probieren und Essen an. Auch, wenn die angebotenen Speisen witzig und kindgerecht aussehen, können die Kleinen nur schwer widerstehen. Aus Obst und Gemüse lassen sich lustige Tiere und Formen wie Sterne oder Herzen mithilfe von Plätzchenausstechern zaubern, ein Paprikaschnitz wird mit einem Zahnstocher zum Segelboot, aus Tomatenvierteln, Gurken- und anderen Gemüse-Sticks lassen sich Gesichter legen. Im Internet gibt es schier unerschöpflich viele Vorlagen für kreativ angerichtete bunte Teller, aber erfahrungsgemäß musst du gar nicht erst zum Gemüseschnitz-Profi werden, um ungeliebte Speisen attraktiver zu machen. Schon kleine Veränderungen im Alltag können helfen.

Weg mit den Snacks

Viele von uns snacken sich gerne durch den Tag und neigen oft dazu, anstatt der Hauptmahlzeiten viele kleine Speisen zu sich zu nehmen. Für den Stoffwechsel und den Magen ist das aber eine ziemliche Herausforderung. Hinzu kommt, dass die Medien und das Angebot im Drogerie- und Supermarkt unbewusst weismachen, dass Kinder unbedingt Snacks brauchen.

All die kleinen Reiswaffeln, Hirsebällchen, Knabbersticks und Knuspertierchen sind sehr verlockend, hemmen aber den richtige Hunger zur richtigen Zeit, weil der Bauch eigentlich immer irgendwie gefüllt ist. Außerdem überschätzen wir oft die Mengen, die wirklich in den Magen eines Kindes passen. Wenn es dann Zeit zum Essen ist, wundern wir uns, warum die Mahlzeit verschmäht oder nur lustlos darin herumgestochert wird. Verzichte weitgehend auf Snacks für deinen Sohn und er wird zu den Hauptmahlzeiten hungrig und dadurch auch wesentlich offener für Speisen sein, die nicht unbedingt auf seiner Lieblingsliste stehen. Hunger ist für uns nichts Schlimmes und Bedrohliches mehr, auch wenn das durch unsere Vorfahren und durch Kriegsgenerationen vor uns noch in unserem Unterbewusstsein verankert ist.

Wer sich richtig hungrig an den Tisch setzt, wird sehr viel wahrscheinlicher mit Appetit und Freude essen. Das bedeutet natürlich nicht, dass du deinen Sohn „aushungern“ musst, aber achte für eine Zeit auf eure Snackgewohnheiten und lasse diese ausschleichen. Wenn dein Sohn zwischen den Mahlzeiten hungrig ist, biete Obst oder Gemüse an.

Biete deinem Sohn Lebensmittel immer wieder an

Manchmal schleift sich der „Das mag er ohnehin nicht“-Gedanke so sehr ein, dass du deinem Sohn gewisse Lebensmittel und Speisen schon gar nicht mehr anbietest. Doch plötzlich erfährst du, dass er in der Kita oder der Schule löffelweise die verschmähte Kost gegessen hat.

Zunächst einmal: Das sind doch tolle Nachrichten! Oft essen Kinder in der Gemeinschaft Gleichaltriger besser als zu Hause. Freu dich über die Gewissheit, dass es woanders besser klappt! Dennoch solltest du immer mal wieder auch Mahlzeiten und Lebensmittel anbieten, die eigentlich weniger beliebt sind. Vielleicht kennst du das von dir selbst: Der Geschmacksinn verändert sich mit der Zeit, Vorlieben wechseln – auch bei deinem Sohn. Außerdem wird er immer mal wieder offener für Gerichte sein.

Viele Kinder lassen sich auch auf die Abmachung ein, alles wenigstens einmal zu probieren. „Aus Versehen“ schmeckt es dann ziemlich oft trotzdem. Auch wenn dir dieser Schritt vielleicht schwerfällt, weil du selbst in dieser Hinsicht anders erzogen worden bist: Erlaube deinem Sohn, auszuspucken, was ihm nicht schmeckt – und zwar am besten in ein eigens dafür bereitgestelltes Schälchen. Ich garantiere dir, er wird es ziemlich toll finden, mal mit Erlaubnis etwas auszuspucken. Das nimmt total viel Druck aus der Situation, weckt Experimentierfreude und am Ende wirst du wahrscheinlich feststellen, dass das Ausspucken mit dieser Genehmigung ohnehin sehr bald uninteressant wird.

Mach dir keine Sorgen, dass dein Sohn so im Erwachsenenalter immer noch Speisen am Tisch offen ausspucken wird. Er lernt durch Nachahmung seines Umfeldes und prägt sich am allermeisten ein, was du und die anderen Mitglieder eurer Familie tun. Er erlebt jeden Tag, dass du kaust und runterschluckst, was auf deiner Gabel liegt. Du bist sein Vorbild.

Gemeinsame Mahlzeiten in aller Ruhe

Du hast gekocht, du hast Zeit, Mühe und Geld in eure gemeinsame Mahlzeit investiert, aber dein Sohn spielt lieber, als dass er zum Essen erscheint. Wenn er dann am Tisch sitzt, ist die Ruhe nur von kurzer Dauer, er springt bald wieder auf oder zappelt so sehr herum, dass dir regelmäßig die Hutschnur platzt. Entspannte gemeinsame Mahlzeiten scheinen unmöglich zu sein.

Deine eigenen Ansprüche und Vorstellungen

Wir alle haben Bilder von gemeinsamen Familienmahlzeiten im Kopf, die aus verschiedenen Quellen gespeist werden: beispielsweise aus unserer eigenen Erziehung und aus den Medien. So wächst in uns ein Anspruch, dem die Lebensrealität mit kleinen Kindern – insbesondere mit energiegeladenen kleinen Jungen – nur schwer oder unmöglich gewachsen ist.

Die Realität

Oft schwingt die Angst mit, dass unsere Söhne niemals eine sozialverträgliche Esskultur entwickeln werden, wenn wir den Grundstein dafür nicht jetzt legen. Wir vergessen jedoch über all diese Sorgen und Ansprüche oft zu hinterfragen, wozu unsere Söhne hinsichtlich ihrer Entwicklung überhaupt in der Lage sind: Was liegt im Rahmen ihrer Möglichkeiten? Etwa im Alter von sieben bis acht Jahren ist ein Kind dazu in der Lage, für die Zeit einer gemeinsamen Mahlzeit mit am Tisch zu sitzen. Weil Kinder Einzelstücke sind, variiert dieser Zeitpunkt.

Manchmal ist alles andere wichtiger als Essen

Dass deinem Sohn Spielen wichtiger ist als die gemeinsame Mahlzeit, ist vollkommen normal und nichts, das du persönlich nehmen musst. Spielen bedeutet lernen, die Welt entdecken und das Leben „üben". Dein Sohn ist immer im Hier und Jetzt und was er in diesem Moment tut, hat für ihn absolute Priorität. Natürlich nervt das oft und ist anstrengend. Es hat allerdings nie etwas mit Rücksichtslosigkeit oder Gleichgültigkeit zu tun, wenn ihm andere Dinge gerade wichtiger sind, es entspricht einfach seiner Entwicklung. Indem du immer wieder mit ihm sprichst und ihn in deine Gefühlswelt mit hineinnimmst, unterstützt du ihn darin, Empathie und die Fähigkeit zu entwickeln, deine Perspektive einnehmen zu können. Dies ist allerdings eine Entwicklung, die bis ins Grundschulalter andauert.

Druck rausnehmen

Wenn dein Sohn hungrig ist, sich bei euch Snacks und Zwischenmahlzeiten also in Grenzen halten, wird er auch zu den gemeinsamen Mahlzeiten erscheinen. Wenn ihr vorlebt, dass ihr gemeinsam beginnt, wenn eure Atmosphäre bei Tisch entspannt, freundlich und interessant ist, und das Thema „gemeinsames Essen" ohne Druck und Strafe bleibt, wird er mit der Zeit vollkommen selbstverständlich gern daran teilnehmen.

Stelle dir immer die Frage, was du altersgemäß von deinem Sohn erwarten kannst und rufe dir in Erinnerung, dass er das verinnerlichen wird, was ihm seine Familie vorlebt. Vielleicht hat er im Kita-Alter eine Phase, in der er gerne mal eine Mahlzeit unter dem Tisch oder auf der Fensterbank einnehmen möchte. Vielleicht schaffst du es, das zuzulassen und ihn sein kleines Alltagsabenteuer erleben zu lassen. Wir alle haben als Kinder derartige kleine Ausbrüche geliebt –

und keiner von uns sitzt beim Essen noch unter dem Tisch. Hab Vertrauen, dass diese Erfahrung in kurzer Zeit ihren Reiz verliert und dein Sohn als erwachsener Mann gerne den Tisch mit anderen Menschen teilen wird.

Der Grundstein bist du selbst und was du mit deinem eigenen Verhalten vorlebst. Bedenke außerdem, dass dein Sohn in der Kita oder in der Schule auch vollkommen regelmäßig eine Mahlzeit gemeinsam mit anderen am Tisch einnimmt. Für gewöhnlich klappt es in dieser Gruppe ohnehin reibungslos und auch aus diesen Erfahrungen entwickeln sich gute Gewohnheiten.

DAS STÄRKT EUREN ALLTAG – BEREITET GEMEINSAM DIE FAMILIENMAHLZEIT VOR

Lege eine Mahlzeit fest, die ihr am Tag zusammen einnehmt. Für viele Familien eignet sich das Abendessen aufgrund von Arbeits- und Betreuungszeiten dafür am besten. Beziehe deinen Sohn so früh wie möglich in die Vorbereitungen mit ein: Lass ihn helfen, den Tisch zu decken und Gemüse zu schneiden. Vor allem im Kleinkind- und Kita-Alter brennen die Kleinen darauf, uns bei all diesen Tätigkeiten zu unterstützen. Diese Bereitschaft nährst du am besten, indem du deinem Sohn das zugestehst – mit altersgemäßen Hilfsmitteln und im Rahmen seiner Möglichkeiten. Das motiviert und ermutigt ihn. So ist es später vollkommen normal für deinen Sohn, diese Dinge zu tun.

Halte alle Bedürfnisse im Blick

Schafft gemeinsame Rahmenbedingungen für euer Essen: Was ist den Erwachsenen wichtig? Was wünschen sich dein Sohn und gegebenenfalls die Geschwister? Welche Regeln gibt es und warum? Oft vergessen wir, unseren Kindern verständlich zu machen, warum uns gewisse Dinge wichtig sind und weshalb wir ein bestimmtes Verhalten nicht möchten. Ruhige, freundliche Erklärungen außerhalb akuter Krisensituationen helfen deinem Sohn dabei, einen Blick und ein Verständnis für die Bedürfnisse anderer Menschen zu entwickeln. Indem du auch auf seine Wünsche eingehst, stärkst du außerdem sein Selbstwertgefühl – und Menschen mit einem guten Selbstwertgefühl gehen selbstverständlich liebe- und rücksichtsvoll mit anderen um. Behalte auch deine eigenen Bedürfnisse im Blick

Bei aller Offenheit für die Bedürfnisse deines Sohnes, verliere deine eigenen nicht aus dem Blick! Du sollst dich nicht vollkommen verbiegen und Situationen aushalten, die dich stressen und dir den letzten Nerv rauben. Es geht darum, einen Weg zu finden, der für alle Beteiligten gut ist. Beispielsweise fällt es mir beim Thema Essen sehr viel leichter, Erwartungen los- und meine Söhne gewähren zu lassen als meinem Mann. Wir sind einfach unterschiedlich geprägt, so dass uns auch unterschiedliche Situationen triggern und piksen.

Während der Phase, in der die beiden Jungen sehr intensiv mit den Fingern das Essen erforscht und zerlegt haben, musst er schlichtweg manchmal die Küche verlassen, weil er es nicht ausgehalten hat. Für mich war die Situation vollkommen stressfrei, weil ich wusste, dass die Kinder noch keinen Begriff davon haben, dass Lebensmittel ein Gut sind, mit dem wir verantwortungsvoll umgehen, sondern dass sie für sie gerade reine Experimentiermasse sind. Ich habe sie innerhalb eines gewissen Rahmens ihre sinnlichen Erfahrungen machen lassen und dann behutsam die Mahlzeit beendet. Im Kita-Alter essen sie jetzt vollkommen selbstverständlich und ohne Druck überwiegend mit Besteck, und so gut wie alles landet dort, wo es hingehört. Dennoch habe ich ihnen selbstverständlich von klein auf erklärt, dass ich nicht möchte, dass wir Lebensmittel verschwenden und warum.

Mit der Familie Essen gehen

Restaurantbesuche bedeuten immer etwas Besonderes, einen kleinen Ausstieg aus dem Alltag, gemeinsame Zeit mit Menschen, die eine wichtige Rolle in unserem Leben spielen. Wir feiern damit Ereignisse oder belohnen uns.

Der Restaurantbesuch wird zum Spießrutenlauf

Vielleicht hast auch du die Erfahrung gemacht, dass Essengehen mit deinem Sohn vor allem in einem Punkt besonders ist, nämlich besonders nervenaufreibend. Dein Sohn zappelt schon am Tisch herum, bevor überhaupt die Bestellung aufgegeben ist. Saftschorle ergießt sich über weißgestärkte Tischtücher, er rennt zwischen den Tischen umher und spricht sowieso viel zu laut. Wenn du ihn zur Ordnung rufst, reagiert er mit Schreien und lautem Protest und anstatt dein Essen und gute Gespräche zu genießen, schwitzt du vor lauter Stress oder bist nur damit beschäftigt, hinter ihm herzulaufen und darauf zu achten, dass er nicht in der Küche verschwindet oder ins Speisefischaquarium stürzt.

Kinder und Restaurants – wie gut passt das zusammen?

Grundsätzlich stellt sich die Frage, wie gut passen Restaurantbesuche und kleine Kinder überhaupt zusammen? Lokale sind in seltenen Fällen kindgerechte Orte und es gilt abzuwägen, wie wichtig es dir ist, in den Jahren, in denen dein Sohn klein ist, überhaupt gemeinsam essen zu gehen. Bedenke: Es ist nicht für immer und auch diese Zeit kommt wieder.

Gerne werden Familienfeiern in Restaurants oder Gaststätten abgehalten. Gibt es noch mehr Kinder in eurer Familie? Stimmt gemeinsam ab, ob ihr nicht alternative Möglichkeiten findet, die allen gerecht werden. Sollte es nicht anders gehen oder dir gemeinsame Restaurantbesuche am Herzen liegen, kannst du folgende Tipps beachten.

Mach dir zunächst einmal klar, wie viel Ruhe und Stillsitzen du alters- und temperamentsgemäß von deinem Sohn erwarten kannst.

Ein Kind im Grundschulalter ist es durchaus schon gewohnt, für einen längeren Zeitraum – zumindest eine Schulstunde lang – an seinem Platz zu sitzen. Von einem Kita-Kind kann das deutlich zu viel erwartet sein.

Passe die Restaurantwahl an deinen Sohn an

Stelle sicher, dass das Restaurant kinderfreundlich ist. Vielleicht gibt es eine Spielecke, einen Spielplatz oder ein Schaukel im Außenbereich und Personal, das verständnisvoll ist. Besprich mit deinem Sohn, warum ihr essen geht, welches Verhalten du dir wünschst und erkläre ihm, warum. Versucht, gemeinsame Absprachen zu treffen und Möglichkeiten zu finden, dass die Zeit im Restaurant für euch alle interessant und schön ist. Lass ihn ein kleines Spielzeug, etwas zum Bauen oder Malsachen mitnehmen. Es gibt außerdem viele Beschäftigungsspiele, die du zu Hause für solche Situationen vorbereiten kannst: abwischbare Mal- und Rätselvorlagen oder Legespiele zum Beispiel. Lass deinen Sohn ein paar kleine Bücher aussuchen und einpacken, mit denen ihr Wartezeiten überbrücken könnt.

! EXTRA-TIPP: SPIELE FÜR DIE HANDTASCHE

Du findest im Internet eine Reihe von Bastelanleitungen für kleine Spiele und wiederverwendbare Mal- und Rätselvorlagen, die in jede Handtasche passen. Du kannst sie laminieren, so dass du sie nach Gebrauch lediglich abzuwischen brauchst. Diese kleinen Beschäftigungsmöglichkeiten können deinem Sohn und dir so manche zähe Wartezeit erleichtern.

Mittagsschlaf und Mittagsruhe

Du sehnst dich in die Zeiten zurück, als dein Sohn mittags noch anderthalb bis zwei Stunden tief und fest geschlafen hat und du Zeit für eine Pause hattest oder ungestört ein paar Handgriff im Haushalt tun konntest? Mittlerweile erscheint dir der Tag ziemlich lang und fühlt sich sehr anstrengend an, wenn der junge Mann zu Hause ist? Insbesondere, weil gegen Mittag oft ein Stimmungstief wartet, weil deine Energiereserven und die deines Kindes für die erste Tageshälfte aufgebraucht sind? Dann einfach weiter durchzuziehen, ist auf Dauer sehr kraftzehrend.

Ruhezeit hilft euch, aufzutanken

Auch wenn dein Sohn keinen Mittagsschlaf mehr macht und rein rechnerisch in der Nacht ausreichend Schlaf bekommt, ist eine Mittagspause gut für alle Beteiligten. Ist dein Sohn noch im Kita-Alter und quittiert das mittägliche Schläfchen gerade erst, ist es recht einfach, übergangslos eine neue Routine zu etablieren. Führe anstatt des Schlafes eine mindestens 30-minütige Ruhezeit ein. Dehne die Pausenzeit beliebig aus, so wie es euch guttut und in euren Tagesablauf passt

Wenn dein Sohn noch kleiner ist und diese Zeit nicht alleine in seinem Zimmer verbringen möchte, könnt ihr es euch gemeinsam irgendwo gemütlich machen, ein Hörspiel hören, ein Buch lesen oder einfach nur Löcher in die Luft gucken und euch etwas erzählen. Trink dabei einen Tee oder einen Kaffee. Wichtig ist, dass du auch entspannst. So kann dein Sohn auch besser runterfahren, weil weniger Reize auf ihn einwirken als sonst am Tag.

Je eher du damit beginnst, diese regelmäßige Routine zu pflegen, desto selbstverständlicher wird die Mittagsruhe für deinen Sohn. Ältere Kinder können diese Zeit auch alleine in ihrem Zimmer verbringen, wenn sie das wünschen und sich dort ruhig beschäftigen.

Lebe Selbstfürsorge vor

Durch eure gemeinsame Mittagspause lernt dein Sohn zwei wichtige Dinge: dass auch du als Mama deine Pausen brauchst und dir die Zeit dafür nimmst, dass es wichtig ist, auf seine Kräfte zu achten und wie er sich entspannen kann.

Insbesondere in unserer fleiß- und leistungsorientierten Gesellschaft kommen immer mehr Menschen an ihre Grenzen, weil sie nie gelernt haben, auf sich, ihre Bedürfnisse und regelmäßige Pausen zu achten. Vielen von uns klingen Sätze wie „Müßiggang ist aller Laster Anfang“ im Ohr, Sprüche, die vor allem in der Generation unserer Großeltern und älter gang und gäbe waren. Selten wurde uns vorgelebt, wie wir uns im Alltag kleine Auszeiten und Kraftinseln verschaffen, weil unsere Eltern und Großeltern es oft selbst nicht konnten – jedoch ebenso dringend gebraucht hätten wie wir.

Heute wissen wir, wie wichtig es ist, auf unsere Kräfte zu achten und doch fällt es uns so schwer. Dass wir uns ohne regelmäßige Pausen selbst immer wieder an unsere Grenzen und schlimmstenfalls darüber hinausbringen, ist eine Sache. Allerdings geben wir diesen unachtsamen Umgang mit uns selbst an die nächste Generation weiter, die wieder nicht richtig lernt, gut mit sich umzugehen. Doch wünschen wir uns für unsere Kinder eigentlich etwas anderes, oder? Der einfachste Weg, deinem Sohn ein Gefühl für Selbstfürsorge mitzugeben ist, sie ihm vorzuleben.

Kleine Energie-Tankstellen für deinen Alltag

Um als Mama dauerhaft belastbar zu sein und dich entspannt und ausgeglichen zu fühlen, brauchst du gute Strategien, die du einfach umsetzen und in deinen Alltag integrieren kannst. Natürlich ist es wichtig, regelmäßig wirklich tief zu entspannen und abzuschalten. Jedoch können dir auch kleine, einfache Übungen täglich neue Energie verschaffen.

Atemübung für mehr Kraft und Ruhe

Wenn du merkst, du wirst müde und träge: Atme. Bewusst und tief. Oft atmen wir zu schnell und zu flach, insbesondere wenn wir gestresst sind – und jetzt mal Hand aufs Herz: Das sind wir als Eltern ganz schön oft. Atme ganz tief ein, bis dein Bauch prall gefüllt ist, wie ein Luftballon. Halte die Luft für ein paar Sekunden und atme dann langsam komplett aus, bis auch das letzte bisschen Luft aus Bauch und Lungenflügeln verschwunden ist. Halte diesen Zustand wieder für ein paar Sekunden und dann atme wieder tief ein. Mache sieben Wiederholungen, die dich auftanken und gleichzeitig entspannen. Das kannst du auch tun, wenn du merkst, dass dein Sohn dich jeden Moment auf die Palme bringt. Gehe nach nebenan, schließe die Augen, atme.

EXTRA-TIPP: GLAUB NICHT ALLES, WAS DU DENKST

Wir haben nicht den ganzen Tag lang konstant das gleiche Maß an Energie zur Verfügung. Das wirst du schon oft bemerkt haben. In der Regel ist morgens die Energiekurve am höchsten und fällt dann allmählich. Eltern sind da oft eine Ausnahme, da die Nächte – insbesondere mit sehr kleinen Kindern – nicht immer Zeiten sind, in denen wir auftanken können. Trotz aller berichtigten Belastungs- und Abgeschlagenheitsgefühle spielt uns unser Gehirn oft Streiche. Du fühlst dich beispielsweise müde und antriebslos. Die Gedanken dazu? – „Ich kann mich jetzt unmöglich aufraffen.", „Ich bin viel zu unmotiviert.", „Ich schaffe das jetzt nicht." Mit bleierner Schwere schleppst du dich weiter.

Doch in der Regel reicht unsere Kraft noch sehr viel weiter – wenn wir es schaffen, sie freizusetzen. Das funktioniert über den Tag hinweg mit kleinen „Energie-Snacks", die dich aktivieren und gleichzeitig entspannen. (siehe Übungen auf der nächsten Seite). Selbstverständlich musst du trotzdem auf regelmäßige Erholung und Regeneration achten, sonst betriebst du Raubbau an deinem Körper.

Weck deinen Körper auf

Öffne das Fenster, gehe auf den Balkon oder in den Garten und mach dich so groß wie möglich. Hebe die Arme über den Kopf, recke und strecke dich. Hüpf ein paar Mal auf der Stelle – das setzt Glücksgefühle frei, zapple, schüttle deinen Körper aus und klopfe ihn mit den Handflächen von oben bis unten wach. Zwei bis drei Minuten reichen vollkommen aus, um dich zu aktivieren. Wenn du magst, höre dazu Musik, die dich fröhlich und wach macht.

Geh an die Luft

Bevor dein Energie-Level komplett absackt und damit auch deine Stimmung: Zieh die Schuhe an und geh aus dem Haus. Mit deinem Sohn, in der Mittagspause oder wenn es dein Tagesablauf erlaubt, auch einfach nur so. Bewegung, frische Luft, Tageslicht und Sauerstoff sind wie ein Bügeleisen für die Seele. Sie glätten ein aufgewühltes Gemüt, vertreiben schlechte Stimmung und lassen dich Kraft schöpfen. Als kleiner Bonus kann sich dein Sohn austoben oder sich ebenfalls aktivieren. Entspanne dich aktiv. Je öfter du übrigens Bewegung in deinen Alltag einbaust, desto besser werden Stresshormone in deinem Körper abgebaut, die dich auf Dauer krank machen können. Und noch besser: Durch regelmäßige Bewegung schaffst du dir auch einen Puffer, der dich stressresistenter werden lässt. Das muss nicht direkt eine zehn Kilometer lange Joggingrunde sein. Spaziergänge, Treppensteigen oder kleine Wege mit dem Fahrrad reichen vollkommen aus, um Veränderung zu bewirken.

Nimm Haltung an, Superheldin!

Wenn wir innerlich zusammensacken, spiegelt unser Körper das wider und verstärkt so das Gefühl der Erschöpfung und der Niedergeschlagenheit. Zum Glück ist das keine Einbahnstraße. Wenn du spürst, dass Energie und Stimmung abflachen, achte einmal auf deine Haltung und verändere sie. Richte dich auf, so als sei an deinem Kopf ein unsichtbares Band befestigt, das dich nach oben zieht, und halte deinen Rücken gerade. Nimm die Schultern zurück und mache deinen Brustkorb weit, so kannst du erheblich besser atmen.

Du kannst diesen Effekt sogar noch verstärken, indem du für 30 Sekunden eine typische Superheldenhaltung annimmst. Stütze die Hände in die Hüften oder recke sie in Siegerpose über den Kopf nimm das Kinn in die Höhe – wenn du eine Vorlage brauchst, schau in der Spielzeug- oder Bücherkiste deines Sohnes nach einem Superhelden. Du kommst dir komisch dabei vor? Das macht nichts, ignoriere das Gefühl und warte einen Moment ab, bis der Effekt eintritt, du wirst dich besser fühlen.

Intensiviere die Wirkung weiter, indem du an eine Situation denkst, in der du dich wirklich wie eine Superheldin gefühlt hast, in der du Erfolg hattest, etwas erreicht oder einen Sieg davon getragen hast. Dein Gefühl wird deinem Körper folgen. Wenn du ganz verwegen bist, lächele oder lache einfach – selbst wenn dir nicht danach ist. Dein Gehirn kann nicht unterscheiden, ob du wirklich lachen musst oder erstmal nur deine Muskeln betätigst, es schüttet so oder so Glückshormone aus, die dich entspannen und aktivieren.

DAS ENTSPANNT DICH – SUCHE DIR ÜBUNGEN, DIE DIR GUTTUN

Probiere einfach aus, welche Übungen für dich am besten funktionieren – oder kreiere eigene kleine Rituale, die dir helfen, zu dir zu kommen und Kraft zu schöpfen. Du kannst auch einfach ganz bewusst ein paar Schritte gehen und aufmerksam beobachten, wie sich jede einzelne Bewegung anfühlt. Durch derartige Übungen holst du dich aus deinem Stress- und Gedankenkarussell heraus und kommst zurück in die Gegenwart, in der meistens alles ziemlich in Ordnung und erträglich ist.

Einkaufen mit Kind

Eskalation im Supermarkt: Der Kindereinkaufswagen rammt das Regal mit den Eierkartons, in der Süßigkeitenabteilung diskutiert dein Sohn mit dir bis zum Nervenzusammenbruch über den Kauf von Gummibärchen und vor dem Kühlregal wartet die nächste Krise, weil du keinen Joghurt mit 17 künstlichen Aromastoffen und exorbitant hohem Zuckeranteil kaufen möchtest. Jeder Einkauf mit deinem Sohn grenzt an einen Spießrutenlauf unter Augen genervter anderer Kunden. Spätestens an der Kasse fühlst du dich bereit für einen mehrtägigen Aufenthalt in einem Luftkurort – alleine.

Seine Gefühle und Impulse regulieren ist ein Reifeprozess

Dein Sohn besitzt weder im Kita- noch im Grundschulalter die gleiche Fähigkeit wie du, seine Impulse und Gefühle zu regulieren. Der Lernprozess beginnt zwar mit der Geburt, erstreckt sich jedoch bis ins jugendliche Alter. Allerdings wirst auch du schon Erwachsene erlebt haben, die in bestimmten Situationen kaum in der Lage sind, ihre Gefühle und Impulse zu regulieren. Selbstverständlich kannst du von deinem beispielsweise siebenjährigen Sohn in diesem Punkt schon deutlich mehr erwarten als von einem Dreijährigen, doch oft stecken wir die Erwartung an unsere Kinder zu hoch.

Im Supermarkt prasseln unendlich viele Reize auf deinen Sohn ein. Je nachdem wie er gestrickt ist, vergisst er tatsächlich angesichts all der interessanten und verlockenden Dinge eure Absprachen, weil er in einer Art Reiztunnel steckt. Je nach Tagesform, Uhrzeit und Belastung kann ein gemeinsamer Einkauf allein schon deswegen im Chaos münden, weil deinem Sohn nach langen Stunden in der Kita oder viel Konzentration in der Schule schlichtweg die Kraft fehlt, sich zusammenzureißen. Das kennen wir doch auch von uns selbst, oder? Wenn der Akku erschöpft ist, fällt es uns wesentlich schwerer, gelassen zu bleiben, Gefühlsausbrüche zu managen, Versuchungen zu widerstehen und nicht zur Schokolade zu greifen, das ist vollkommen natürlich.

Setze auf Schnelligkeit und klare Absprachen

Manchmal ist die entspannteste Lösung, alleine einkaufen zu gehen oder den Partner loszuschicken. Doch selbstverständlich hat nicht jede Mama dazu die Möglichkeit. Wenn ihr einen Tag erwischt, in dem ohnehin der Wurm drin ist oder dein Sohn durch die Betreuungs- oder Schulzeit durch den Wind ist, verschiebe den Einkauf nach Möglichkeit – allein schon, um deine Nerven zu schonen.

DAS STÄRKT DEINEN SOHN – BINDE IHN AKTIV IN DEN EINKAUF EIN

Versuche, deinen Sohn in eine „Ich kann deine Unterstützung gebrauchen"-Stimmung zu versetzen. Gib ihm kleine Aufgaben und lass ihn Dinge holen, die ihr braucht. Trau ihm ruhig etwas zu und sage ihm, dass er zerbrechliche Dinge mit beiden Händen festhalten soll. In der Regel reagiert jedes Kind mit Begeisterung darauf, mitmachen zu dürfen und sich einzubringen – insbesondere wenn es sich dabei gebraucht und wertgeschätzt fühlt. Wenn tatsächlich einmal etwas zu Bruch geht, ist das keine Tragödie, auch Erwachsenen fallen beim Einkaufen Gurkengläser aus der Hand.

Wenn es gar nicht anders geht: Mach es kurz. Einigt euch vorher auf eine Kleinigkeit, die du ihm zugestehst, die er sich selbst aussuchen darf. Mach klar, was deine Zustimmung findet und was nicht, und dann gib Gas. Hole wirklich nur das eine oder die wenigen Dinge, die dir absolut notwendigerweise fehlen und schlage nach Möglichkeit einen großen Bogen um die Süßwarenabteilung. Wenn du dir innerlich sicher bist, spürt dein Sohn das ebenfalls.

So kannst du mit den Wünschen deines Sohnes umgehen

Du musst nicht permanent Nein sagen, ihr könnt auch Abmachungen treffen, den Schokoriegel beim nächsten Mal oder zu einem besonderen Anlass zu kaufen. Wenn dich Einkäufe in großen Supermärkten mit breitem Spielzeugangebot oder in der Innenstadt nerven, weil dein Sohn dort immer wieder größere Wünsche äußert, gibt es eine sehr wirkungsvolle Methode: Verweise auf seinen Geburtstag oder auf Weihnachten und notiere den Wunsch in seinem Beisein. Das gibt deinem Sohn Sicherheit, ein konkretes Ziel und das Gefühl, ernstgenommen zu werden.

Der Klassiker: Wutanfall auf dem Boden liegend

Der Einkauf eskaliert? Dein Sohn schmeißt sich entweder selbst auf den Boden oder den Aufschnitt an der Frische-Theke? Die Leute schauen genervt zu dir rüber oder mischen sich sogar ein? Atme tief durch. Versuche dir bewusst zu machen, dass diese Situation in diesem Moment natürlich hochgradig nervig und anstrengend ist, aber dass sie nicht nur vorbeigehen wird, sondern du sie in einem Jahr entweder vergessen hast oder darüber lachen wirst.

Ich verspreche dir: Es gibt keine elterliche Karriere ohne die ein oder andere Eskalation in der Öffentlichkeit. Menschen, die darüber die Augen verdrehen, haben entweder keine Kinder oder ziemlich gut verdrängt, was sie erlebt haben. In jedem Supermarkt mit einem wütenden Kind gibt es mit an Sicherheit grenzender Wahrscheinlichkeit irgendwo eine andere Mutter oder einen anderen Vater, der voller Verständnis lächelt und dir in Gedanken viel Kraft wünscht. Wenn du niemanden siehst, auf den diese Beschreibung zutrifft, denk an mich: Ich habe schon ganze Supermarktgänge mit zwei Jungen blockiert, die wütend und schreiend auf dem Boden lagen oder sich um einen Kindereinkaufswagen geprügelt haben.

Was andere Menschen darüber denken? Versuche, es egal sein zu lassen. Niemand weiß, was ihr heute erlebt habt, ob du nach drei Wochen Kita-Viren im Winter einfach nur auf dem Zahnfleisch gehst oder deinem Sohn eine riesige Laus über die Leber gelaufen ist, weil er sich mit einem Freund gestritten hat. Ich habe immer einen sehr hilfreichen Spruch im Hinterkopf: Lass niemanden auf den billigen Plätzen eine teure Meinung über dich haben.

Absprachen zwischen dir und deinem Sohn haben nicht funktioniert? Die Joghurtkrise hat euch zum Mittelpunkt der Aufmerksamkeit werden lassen? Verlasse erst die Situation und gib den aufgewühlten Gefühlen Zeit, sich zu beruhigen. Unter emotionalem Stress ist der rationale Teil des Gehirns deines Sohnes ausgeschaltet und nicht aufnahmefähig, so dass du nicht zu ihm durchdringen wirst. Sprich etwas später in Ruhe mit deinem Sohn, erkläre, was dich geärgert hat und warum, aber höre dir auch seinen Standpunkt an.

DAS STÄRKT EUREN ALLTAG – LASS DICH BEIM EINKAUFEN UNTERSTÜTZEN

Lass deinen Sohn alle paar Monate über einen Einkauf entscheiden. Er darf dann beispielsweise zehn Dinge aussuchen, die er essen möchte, und ihr kauft all das gemeinsam ein. Zelebriert diesen Einkauf. Er wird vermutlich eine Schlacht aus Zucker, Farbstoffen und künstlichen Aromen, aber er wird es überstehen, du musst ihn ja nicht alles auf einmal verzehren lassen. So ein Freiheitseinkauf wird ihm Spaß machen, ihn für viele Male entschädigen, an denen du Nein gesagt hast und ihn für die nächsten Einkäufe entspannen.

Im Haushalt helfen und aufräumen

Ordnung schaffen, putzen, den Tisch decken, Wäsche in die Wäschetonnen sortieren oder die Spülmaschine ausräumen – das ist nur ein Bruchteil der Arbeiten, die in einem Familienhaushalt Tag für Tag anfallen. Insbesondere wir Mamas haben oft das Gefühl in dem Chaos allein gegen Windmühlen zu kämpfen und die einzigen zu sein, die das Durcheinander stört. Deinen Sohn dazu zu bewegen selbstständig aufzuräumen oder die Erwachsenen im Haushalt zu unterstützen, scheint nahezu ausweglos zu sein? Das muss nicht so sein, es gibt gute Wege, ohne Druck und die Androhung von Konsequenzen auf einen gemeinsamen Nenner zu kommen.

Wenn unterschiedliche Bedürfnisse aufeinanderprallen

Ordnung und Sauberkeit sind klassische Bereiche, in denen die Bedürfnisse unterschiedlicher Familienmitglieder aufeinanderprallen – das sorgt für Konfliktpotenzial. Wir Erwachsenen fordern Mithilfe und eigenständiges Aufräumen in der Regel dann ein, wenn es in unseren Zeitplan passt oder gerade unserem Bedürfnis nach Ordnung entspricht. Überall liegen Spielzeuge, Socken, leere Teller und Krümel verstreut – insbesondere im Alltag mit Kindern sehnen sich viele von uns nach einer letzten Instanz der Struktur, Ordnung und Kontrollierbarkeit für unser Wohlbefinden. Das ist verständlich und legitim.

Doch dein Sohn steht oft auf der anderen Seite der Bedürfnisse. Während du dir zum Beispiel nach dem Spielen Ordnung wünschst wünscht er sich Erholung. Betrachtet man das ganz jetzt einmal völlig wertfrei, ist keines dieser Bedürfnisse besser oder schlechter, falsch oder richtig. Trotzdem stellen wir Erwachsenen unsere Bedürfnisse in dieser Hinsicht oft über die unserer Kinder – ohne großartig darüber nachzudenken. Immerhin möchten wir ja auch erreichen, dass sie eigenständig werden und später dazu in der Lage sind, Ordnung zu schaffen und zu halten.

Nimm den Druck raus und sei ein Vorbild

Oft treibt uns die Sorge an, unseren Söhnen nicht genug mit auf den Weg zu geben: Wenn wir uns nicht jeden Tag anstrengen, sie dazu zu bringen, die Dinge zu tun, die wir für richtig halten und von ihnen erwarten. Auf der Beziehungsebene entsteht aber so sehr viel Druck und wir vermitteln unseren Söhnen damit auch unbewusst das Gefühl, von Natur aus nicht genug Potenzial und Fähigkeiten mitzubringen und dass es ohne Antreiber nicht geht. Dabei lernen Menschen am schnellsten und tiefgehendsten durch Nachahmung.

Wenn du deinem Sohn also ein gutes Vorbild bist und ihr zu Hause euren Alltag nach den Werten gestaltest, die eurer Familie wichtig sind, kannst du ein erhebliches Maß an Zuversicht in seine gute Entwicklung haben. Erinnere dich einmal an deine eigene Kindheit: Ging es dir nicht auch so, dass du nie nachvollziehen konntest, warum deine

Eltern sich wegen der Unordnung so aufregen? Entweder hast du sie gar nicht wahrgenommen oder sie hat dich einfach nicht gestört. Trotzdem bist du heute sehr wahrscheinlich ein erwachsener Mensch, der Wert auf Sauberkeit und Ordnung legt. Sollst du dich nun vollkommen zurücknehmen und deinem Sohn und dem lieben Frieden zuliebe all deine Bedürfnisse über Bord werfen? Auf gar keinen Fall! Das funktioniert auch schlicht und ergreifend nicht, weil sich in dir innerhalb relativer kurzer Zeit ein Unbehagen ansammeln wird, dass sich irgendwann in Unzufriedenheit verwandelt – und früher oder später platzt dir dann der Kragen.

So hinderst du deinen Sohn unbewusst am Mithelfen

Vielleicht hast du schon öfter davon gehört, dass jedes Kind grundsätzlich kooperationsbereit sei. Allerdings fragst du dich, ob vielleicht ausgerechnet dein Sohn eine Ausnahme ist. Ich kann dich beruhigen: Auch er bringt den natürlichen Wunsch mit, es dir recht zu machen. Doch manchmal übersehen wir all die kleinen Hinweise und kindlichen Bemühungen unserer Söhne, Dinge zu übernehmen und zu erledigen. Oder wir selbst sind es, die diese Bemühungen versehentlich und aus eigentlich guten Motiven im Keim ersticken.

Je kleiner dein Sohn ist, desto wilder ist er darauf, mitzumachen und dir in allen möglichen Bereichen zu helfen. Allerdings verschafft dir diese Form der Hilfe zunächst einmal sehr viel mehr Arbeit als Unterstützung: Dein Sohn muss Blumen gießen, den Tisch abwischen, fegen oder abtrocknen viele, viele Male üben, bevor er es wirklich beherrscht. Auf dem Weg dorthin unterlaufen uns Eltern oft zweierlei Fehler – aus Unwissenheit. Wir haben oft so wenig Zeit und so viel zu tun, dass wir die Aufgaben lieber schnell selbst erledigen und unser Kind anders beschäftigen, um am Ende nicht obendrein auch noch das Chaos des kleinen Helfers beseitigen zu müssen. Mit der Zeit erlahmt die Lust deines Sohnes, dir zu helfen, von selbst, da seine Versuche vergeblich sind und er irgendwann einfach das Interesse verliert.

Weitaus häufiger aber noch greifen wir Eltern ein, geben Ratschläge, verbessern und weisen darauf hin, wie unsere Söhne so kehren können, dass sie alle Krümel erwischen oder wie sie den Lappen richtig halten müssen, um effektiv abzutrocknen. Unser Ansinnen ist ehrenhaft: Wir möchten, dass sie lernen, es richtig zu tun, möchten ihnen den Lernprozess erleichtern und verkürzen.

Fragen unsere Söhne jedoch nicht von sich aus nach unserer Anleitung oder Unterstützung, werden ihnen unsere Bemühungen das Gefühl geben, es nicht gut genug zu können. Wir verunsichern sie und nehmen ihnen die Lust, diese Dinge zu erledigen. Unsere Absicht ist durchweg gut, doch kommunizieren wir damit eine negative Bewertung der Leistung – vollkommen ungewollt. Es gibt jedoch auch andere Möglichkeiten.

Individuelle Wege finden

Aufräumen, saubermachen und Ordnung halten sind Themen, hinter denen viele individuelle Bedürfnisse stecken, deren Erledigung und Herangehensweise sehr persönlichkeitsabhängig ist. Vermutlich wirst du ein wenig experimentieren müssen, um schließlich den Weg zu finden, der zu euch und eurer Familie passt.

DAS STÄRKT DEINEN SOHN – LASS DIR HELFEN

Unterstütze die Kooperationsbemühungen deines Sohnes so früh und so oft wie möglich – auch wenn du nach seinen Spülaktionen den Küchenfußboden trockenlegen musst und beim Abtrocknen mal etwas zu Bruch geht. Begegne seinen Bemühungen mit angemessener Wertschätzung – das müssen keine Belohnung und kein überschwängliches Lob sein. Erkenne seine Arbeit an und bedanke dich kurz dafür. Wenn du nachbesserst, tu das so, dass dein Sohn es nicht mitbekommt, wenn er sich beispielsweise wieder einer anderen Beschäftigung zugewandt hat.

Je häufiger dein Sohn etwa fegt oder spült, desto schneller wird er ein kleiner Experte darin werden. Je eher du im Leben deines Sohnes Gewohnheiten wie „Abends wandern die Bausteine in die Kiste“ etablierst, desto leichter und selbstverständlicher wird es später für ihn – und für dich.

Aufgaben und Wünsche klar kommunizieren

Achte darauf, direkt und klar zu kommunizieren. Oft sprechen wir mit Kindern genauso wie mit Erwachsenen. Um uns anderen gegenüber höflich und respektvoll zu zeigen, neigen wir dazu, Bitten als Fragen zu formulieren: „Kannst du bitte deine Zimmer aufräumen?“ Während ein erwachsener Mensch dieses Kommunikationsmuster in der Regel aufgrund der Kombination von Erfahrung, Situation, Mimik und Tonfall seines Gegenübers richtig verstehen wird, begreift dein Sohn eine Frage als das, was sie ist: eine Möglichkeit, zwischen Ja und Nein zu wählen – und schon ist das Missverständnis da.

Wir können durchaus Aufforderungen aussprechen und gleichzeitig freundlich und klar sein: „Räum bitte dein Zimmer auf.“ Jetzt denkst du dir sicher, wenn es so einfach wäre, hätte ich nicht jeden Tag dieses Theater. Es wird in eurem Fall vielleicht nicht nur mit dieser klaren Ansprache getan sein. Aber sie ist ein Puzzleteil für das Gelingen eurer Kommunikation.

Was du altersgemäß erwarten kannst

Um Ordnung schaffen und selbstständig halten zu können, müssen entsprechende Teile des menschlichen Gehirns in ihrer Entwicklung vollständig ausgereift sein. Das ist weder bei Kita- noch bei Grundschulkindern der Fall, gleichwohl deine Erwartungen natürlich altersgemäß andere sein können. Allerdings ist dein Sohn auch im Grundschulalter nur sehr begrenzt dazu in der Lage, weitsichtig zu planen und sich etwa Gedanken darüber zu machen, dass es sinnvoll ist, heute den Turnbeutel an seinen Platz zu räumen, damit er ihn in der kommenden Woche nicht suchen muss. Auch in diesem Alter befindet sich dein Sohn immer noch in der Phase des Wiederholens und Einübens. Dennoch ist es hilfreich, ihm immer wieder zu erklären, warum du gewisse Dinge von ihm verlangst.

Ebenso hilfreich ist es, mit deinem Sohn über deine Bedürfnisse zu sprechen – und zwar dann, wenn ihr euch nicht inmitten der Krise befindet, sondern beide ruhig und aufnahmefähig seid. Erkläre ihm, dass und warum du dir Ordnung wünschst und frage ihn, ob er Ideen hat, wie ihr eine Lösung finden könnt. Im Rahmen ihrer Möglichkeiten können auch schon Kita-Kinder hier gute eigene Vorschläge liefern und sind durchaus zu Kompromissen bereit.

Aufgaben überschaubar machen

Mach die Aufgabe überschaubar: Kein Kita-Kind und auch nur wenige Grundschulkinder können mit der Anweisung „Räum dein Zimmer auf!“ etwas anfangen. Für die Kleinen ist die Aufgabe viel abstrakt, für die Größeren in der Regel einfach eine Nummer zu groß. Also portioniere die Aufgaben und die Anweisungen:

- „Räume die Autos in ihre Kiste.“
- „Stell die Bücher in das Regal.“
- „Sortiere deine Schulsachen in den Tornister.“
- „Setzt die Kuscheltiere aufs Bett.“

Diese Häppchen sind für deinen Sohn verständlich und gut zu bewältigen. Viele Kinder stehen sonst vor einer riesigen Aufgabe und sie wissen nicht, wo und wie sie anfangen sollen. Das lässt sie auf die Bremse treten, bevor sie überhaupt begonnen haben.

Jeder tut, was er mag

Wenn ihr beispielsweise mit der ganzen Familie eine Aufräumaktion startet, achtet darauf, dass ihr die Aufgaben so verteilt, wie sie den Beteiligten liegen. Einer meiner Söhne hat beispielsweise schon als Kleinkind liebend gerne Dinge akribisch sortiert. Seine Stärke liegt darin, Kleinkram und Spiele einzuräumen. Sein Bruder hingegen düst lieber mit dem Wäschesack durch die Wohnung und sammelt Kleidung ein.

Egal, wie ihr euch aufteilt, wichtig sind klare und genaue Anweisungen – je jünger dein Sohn, desto klarer und genauer. Wenn du ihn etwa einfach bittest, die Autos wegzuräumen, kann es sein, dass diese Aufgabenstellung für ihn zu weit gefasst ist. Sage zum Beispiel: „Räume bitte alle Autos von deinem Maltisch in die Autokiste." Mach es so konkret wie möglich.

Schiebt das Aufräumen auch mal auf

Eine Möglichkeit einen gemeinsamen Weg zu finden, ist, das Aufräumen aufzuschieben. Wenn sich dein Sohn nach dem Spielen erst ausruhen oder ein Buch lesen möchte, vereinbar einen späteren Zeitpunkt – vielleicht auch erst morgen. Versucht, einander entgegenzukommen.

Übertrage deinem Sohn Verantwortung für seine Ordnung

Wenn dein Sohn ein Aufräum-Muffel ist, kann es hilfreich sein, wenn ihr ausmacht, dass Spielsachen im Kinderzimmer bleiben. Dein Sohn ist dann für die Ordnung in seinem Bereich zuständig und kann selbst bestimmen, wann er sich nicht mehr wohlfühlt. Wenn er aufräumen möchte, biete ihm Unterstützung an, damit er den Prozess gemeinsam mit dir üben kann.

DAS ENTSPANNT DICH – AKZEPTIERE UNORDNUNG

Möglicherweise ist der Zustand eines unaufgeräumten Kinderzimmers nicht ganz leicht für dich auszuhalten, obwohl ihr vereinbart habt, dass dein Sohn allein für diesen Bereich verantwortlich ist. Du kannst die Tür schließen und deinen Sohn seine eigenen Erfahrungen machen lassen. Betrachte es als dein persönliches Übungsfeld, ein gewisses Maß an Chaos auszuhalten. Egal, wie sehr du dich bemühst, im Alltag mit Kind wird es dir kaum oder nur unter größtem Krafteinsatz gelingen, immer überall Ordnung zu halten. Bevor du jede freie Minute mit Aufräumen verbringst, übe dich darin, an manchen Stellen Unordnung zu akzeptieren.

Wenn du gerne und bereitwillig aufräumst, speichert dein Sohn übrigens schon von klein auf ab, dass Aufräumen und Hausarbeit

Angelegenheiten sind, die durchaus angenehm sind und die man gerne erledigt. Wenn wir Erwachsene uns aber auch stets stöhnend und seufzend mit Besen und Wischer durch die Wohnung quälen, ist es sehr wahrscheinlich, dass auch dein Sohn daran keine große Freude haben wird. Das bedeutet nicht, dass putzen und Ordnung schaffen dir auf Knopfdruck ein Lächeln ins Gesicht zaubern sollen. Jedoch verinnerlicht dein Sohn das, was er tagtäglich erlebt – so auch die Sonnen- oder Schattenseiten des Saubermachens.

Die Erwachsenen räumen alleine auf

Denkbar ist auch, dass die Erwachsenen alleine aufräumen. Das ist nicht jedermanns Sache, weil dann wieder die Angst mitspielt, unseren Söhnen nicht genug Pflichtgefühl zu vermitteln. Dann erinnere dich daran, dass dein Sohn besser durch Nachahmung lernt als durch Druck. Mir ist in solchen Situationen immer ziemlich klar, dass ich gerade diejenige mit dem Ordnungsbedürfnis bin. Also räume ich auf und erkläre, warum.

Selbstverständlich bitte ich meine Söhne trotzdem, im Flur nicht einfach nur so aus Jacken und Schuhen zu fallen, sage aber auch, dass mich das Durcheinander stört und dass möglicherweise jemand darüber stolpert. Dadurch, dass Aufräumen hier kein Dauerthema ist, sind sie in den Bereichen, die mir wichtig sind, sehr kooperationsbereit und räumen ihre Sachen an die Seite.

DAS STÄRKT EUREN ALLTAG – STELLT GEMEINSAM PLÄNE AUF

Es lohnt sich, wenn Eltern sich einmal eine Stunde Zeit nehmen, alle Aufgaben auflisten, die regelmäßig anfallen und diese unter sich aufteilen. Vielleicht ist deinem Partner gar nicht klar, was alles dazugehört, das Badezimmer zu putzen. Auch hier könnt ihr die Aufgaben so kleinteilig wie möglich festhalten und klar kommunizieren, was ihr euch wünscht und vorstellt. Derartige Planungsgespräche und Notizen können euch dabei unterstützen Streitpunkte auszuräumen und Konflikte zu vermeiden.

Wenn Eltern alleine aufräumen, wird es meist an der Stelle problematisch, an der sie sich dafür Wertschätzung und Anerkennung von ihren Kindern wünschen – wozu Kinder im Kita- und Grundschulalter aber entwicklungsbedingt einfach nicht in der Lage sind. Ihnen bedeuten Ordnung und Sauberkeit schlichtweg nichts. Partner können sich darin aber durchaus unterstützen und wertschätzen. Erklärt euch, was ihr voneinander braucht und warum.

Genauso erklärst du auch deinem Sohn, dass es für dich Arbeit bedeutet, Ordnung zu halten und Wäsche zu falten. Bitte ihn in für ihn verständlichen Worten gut damit umzugehen. Das wirst du allerdings wahrscheinlich viele Male wiederholen müssen, bis es im Bewusstsein deines Sohnes verankert ist – das ist oft nervig, aber so funktioniert das kindliche Gehirn nun einmal.

Eine Haushaltshilfe als Stresskiller

Holt euch nach Möglichkeit Unterstützung für den Haushalt. Bei der Diskussion um eine Haushaltshilfe steht oft das Geld-Argument im Vordergrund: „Das können wir uns nicht leisten!" Können oder wollen wir uns diesen für viele immer noch vermeintlichen Luxus nicht leisten?

Wenn wir genauer hinschauen, spricht jedoch in vielen Fällen einiges für diese Investition: Sie verschafft dir und deinem Partner Zeit und Entlastung. In vielen Beziehungen sind Ordnung, Sauberkeit und die Erledigung des Haushalts die Streitpunkte Nummer eins. Mit einer Haushaltshilfe sind diese Krisenherde sofort befriedet – selbst, wenn sie nur alle 14 Tage kommt, um einmal Grundordnung ins Chaos zu bringen. Die gesparte Zeit könnt ihr als Familie zusammen verbringen. An die meisten Eltern werden heute weitaus mehr Anforderungen gestellt als früher. Viele Frauen sind früher oder später wieder berufstätig, einige von ihnen in Vollzeit oder vollzeitnaher Stundenzahl. Die meisten Väter arbeiten klassisch in Vollzeit. Sich als Familie Unterstützung für die Hausarbeit zu holen, ist keineswegs ein Luxus, sondern in wirklich vielen Fällen eine kluge Entscheidung, auch wenn es für viele anfangs ein bisschen Mut erfordert, jemanden in sein Leben und seine Wohnung zu lassen.

Ausmisten und das Maß an Krempel reduzieren

Es ist für alle Beteiligten wesentlich leichter, aufzuräumen und Ordnung zu halten, wenn möglichst wenig Kram in der Wohnung vorhanden ist. Oft ist allein schon das Kinderzimmer total mit Spielzeug überfüllt. Wie alle Kinder wird dein Sohn viele Wünsche haben, die du ihm sicherlich zum angemessenen Zeitpunkt gerne erfüllst. Dennoch sind es im Endeffekt wir Eltern, die zustimmen, regelmäßig mehr und mehr Dinge anzuschaffen. Mehr und mehr Dinge, die unseren Wohn- und Spielraum anfüllen, die wir oft allerdings nicht wirklich brauchen.

Sortiert gemeinsam aus, besprecht, was wirklich gebraucht wird und schafft dafür feste Aufbewahrungsplätze – am besten in durchsichtigen Kisten. Kennzeichne die Kisten zusätzlich mit einem Aufkleber oder einem Foto vom Inhalt, das erleichtert deinem Sohn das Aufräumen. Wichtiger Punkt beim Ausmisten: Beziehe deinen Sohn auch wirklich mit ein und lasse ihn entscheiden, was weiterziehen darf und was bleiben soll. Macht es zu einer Gewohnheit und erklär ihm, dass ihr so von Zeit zu Zeit Raum für neues Spielzeug schaffen könnt. Probiere aus, ob dein Sohn Freude daran hat, alte Spielsachen an bedürftige Kinder zu verschenken oder gemeinsam mit dir auf dem Flohmarkt zu verkaufen. Das Geld, das er dabei verdient, kann er in einen größeren Wunsch investieren.

Lass das Spielmaterial rotieren

Bewahre einen Teil der Spielsachen im Keller oder auf dem Dachboden auf und tausche es immer mal wieder mit dem im Kinderzimmer. So bleiben die Sachen interessanter und es gibt immer mal wieder Abwechslung. Besprich Geschenke mit Verwandten und Freunden: Was braucht dein Sohn wirklich? Sorge dafür, dass er nicht wild mit Geschenken überhäuft wird, sondern trefft eine kleine Auswahl. Wer dann noch etwas schenken möchte, kann Geld für das Sparbuch oder eine größere Anschaffung beisteuern. So unterstützt du deinen Sohn dabei, ein gesundes Maß für Konsum und Anschaffungen zu entwickeln.

Gib dem Aufräumen einen Sinn

Gestaltet das Aufräumen spielerisch und interessant: Werft Bausteine in die Kiste, macht Musik oder ein Hörspiel an, übt, Bücher nach Farben zu sortieren oder lasst die Kuscheltiere mit dem Spielzeugauto zurück an ihren Platz fahren. Dann steht nicht mehr das Aufräumen im Vordergrund, sondern das Spiel und die gemeinsame Zeit. So macht es allen Beteiligten wesentlich mehr Spaß und obendrein schafft ihr schöne, kleine Alltagserlebnisse.

EXTRA-TIPP: PERSONALISIERTE AUFRÄUMKISTEN

Du hast keine Lust, allen ihre Sachen hinterher zu räumen? Verständlich! Schaffe für jedes Familienmitglied eine Kiste an und versieh sie mit Namen, Symbolen oder Fotos. Die herumliegenden Dinge des Kisteninhabers legst du täglich in seine Box. Jeder ist selbst dafür verantwortlich, seinen Kram wegzuräumen. Kleinere Kinder kannst Du daran erinnern und beim Wegräumen unterstützen.

Mache Aufräumen plausibel: Wer die Eisenbahn aufbauen möchte, braucht Platz auf dem Fußboden. Soll das Puzzle vollständig bleiben, ist es sinnvoll, alle Teile wieder in die Schachtel zu räumen. Wer Dinge sucht, findet sie leichter, wenn sie einen festen Platz haben. Beachte jedoch: Auch das ist Übungssache. Insbesondere im Kita-Alter müssen diese Zusammenhänge und Gewohnheit noch viele, viele Male wiederholt und eingeübt werden, bis sie wirklich in Fleisch und Blut übergangen und für deinen Sohn abrufbar sind. Auch hier ist es sinnvoll, nicht mit Druck, Vorwürfen und der Androhung von Konsequenzen, sondern mit Ruhe und Freundlichkeit an die Sache heranzugehen. Du bist wie eine freundliche Beraterin, die ihrem Sohn aus der Perspektive der Erfahrenen Vorschläge macht und Hinweise gibt. Dein Sohn wird im Laufe der Zeit selbst merken, dass es sinnvoll ist, beispielsweise erst Platz zu schaffen, bevor das nächste Spiel beginnt.

DER NACHMITTAG

Egal, ob du berufstätig bist, dein Sohn schulpflichtig ist, in der Kita oder von dir zu Hause betreut wird, der Nachmittag bedeutet in der Regel gemeinsame Zeit. Und zwar nachdem alle schon viele Anforderungen des Tages meistern mussten. Dementsprechend bewegt ihr euch dann in Bezug auf die Stimmung oft auf dünnem Eis – das gerne auch mal bricht. Doch einige Tiefs kannst du abfangen oder zumindest ein wenig abfedern. Dazu gehört ein Bewusstsein für das, was bei dir und deinem Sohn so los ist sowie dass du auch gut auf dich und deine eigene Kraft achtest.

Entspannte Eltern, entspannter Nachmittag

Halbzeit: Der Vormittag ist vorüber, du hast deine Arbeit beendet oder den Haushalt ein Stück weit erledigt. Je nachdem, wie ihr euren Familienalltag gestaltet, wer wie viele Stunden arbeitet und wer wann die Kinder abholt oder in Empfang nimmt – jetzt ist gemeinsame Zeit angesagt. Ganz egal, ob du berufstätig bist oder in Vollzeit euer Familienleben organisierst und schmeißt, achte darauf, dass du eine Auszeit hast, bevor du dich ins Kind- oder Kinder-Getümmel stürzt.

Gönn dir eine Pause, bevor der Nachmittag beginnt

Nutze eine Mittagsruhe zu Hause, laufe zur Kita oder Schule, trinke in Ruhe einen Tee oder Kaffee, baue dir eine kleine Energie-Insel in deinen Alltag ein. Denn wir alle wissen: Die Nachmittage können anstrengend werden. Sowohl du als auch dein Sohn haben an diesem Tag schon Erhebliches geleistet. Du hast deine Aufgaben erledigt, dein Sohn hat in der Kita gespielt – was für ihn Lernen und die Welt zu begreifen bedeutet und ebenfalls anstrengend ist. Er hat sich an Regeln gehalten, sich in die Gruppe eingefügt oder sich viele Stunden in der Schule konzentriert. Oft treffen nachmittags erschöpfte Eltern auf müde Kinder und es kracht erstmal ordentlich. Je besser du aufgetankt und zuvor Luft geholt hast, desto besser wirst du die Launen deines Sohnes abfedern, begleiten oder umleiten können.

DAS ENTSPANNT DICH – FINDE ES HERAUS!

Finde heraus, was dir guttut von ein paar Minuten Achtsamkeits- oder Atemübung über kurze Spaziergänge, zehn Minuten Gymnastik oder ein viertelstündiges Mittagsschläfchen kann alles Mögliche in deinen Alltag passen. Probiere aus, was dir hilft und praktiziere es regelmäßig. Hierbei gilt die Faustregel: Lieber jeden Tag fünf Minuten Achtsamkeit als zwei Mal in der Woche eine Stunde.

Du brauchst deine Kraft, erhalte sie

Viel zu oft lassen insbesondere Mamas zuallererst ihre eigenen Bedürfnisse zugunsten ihrer Familie über die Klinge springen. Das mag im ersten Moment häufig zwar wie eine unbequeme, aber einfache Lösung erscheinen. Doch wenn du auf Dauer Raubbau an deiner Kraft betreibst, wird diese Rechnung definitiv nicht aufgehen. Du wirst vielleicht krank, bist dauerhaft erschöpft und brauchst am Ende wesentlich längere und tiefgehender Regeneration als wenn du jeden Tag für ausreichend Erholung sorgst.

Medien, Mediziner, Krankenkassen und Experten aus dem Gesundheitswesen predigen es zwar heutzutage völlig selbstverständlich. Dennoch sind wir alle stark in die Mechanismen unserer Leistungsgesellschaft verstrickt. Unbewusste innere Antreiber machen es uns schwer, regelmäßig auf Ruhepausen zu achten. Viel zu stark hallen noch Sprüche wie „Ohne Fleiß kein Preis“ durch unsere Köpfe, die wir von Kindesbeinen an zu hören bekommen haben. Sicherlich, Engagement, Motivation und Pflichtbewusstsein sind starke Fähigkeiten, die uns viel erreichen lassen. Doch sind sie auf Dauer wertlos, wenn wir kein Gegengewicht aus Selbstfürsorge schaffen und auch unseren Kindern vorleben, dass es wichtig ist, auf seinen Körper zu hören und nicht permanent die eigenen Grenzen zu überschreiten.

Dein Werkzeugkoffer, um im Alltag Kraft zu tanken

Nimm dir ein paar Minuten und erstelle dir eine Liste mit Dingen, die dich auftanken lassen. Überlege dir Aktionen unterschiedlicher Länge für unterschiedlich große Zeitfenster. Du hast nur wenige Minuten? Notiere Dinge wie „zehn Mal tief durchatmen“, „drei Minuten Füße hochlegen“ und „ein paar Minuten mit einer Freundin telefonieren“ für kleine Pausen, „eine Tasse Tee trinken“, „ein paar Gymnastik- oder Yogaübungen machen“, „einen kurzen Spaziergang unternehmen“ für ein wenig längere Pausen.

Sammele auch Ideen für Gelegenheiten, zu denen du eine Stunde und länger aus dem Alltag aussteigen kannst. Nimm diese Liste zur

Hand, wann immer du Inspiration für eine Pause brauchst. So kommst du weniger in die Verlegenheit, dich und dein Ruhebedürfnis zu übergehen, weil dir gerade nichts Konkretes einfällt. Diese Liste ist wie ein Werkzeugkoffer, um im Alltag schnell zur Ruhe zu finden und Kraft zu sammeln.

Warum ist am Anfang des Nachmittags so viel Raum für Krisen?

Vermutlich kennst du das auch, bevor eure gemeinsame Zeit beginnen kann, wartet oft erst einmal bunter Blumenstrauß an Situationen auf dich, die du entschärfen musst. Eigentlich freut ihr euch alle aufeinander und doch ist es nach Feierabend, Kita- oder Schulschluss erst einmal so richtig anstrengend und nervenaufreibend und ihr geratet nur aneinander.

Dein Sohn sieht dich – und verliert die Fassung

Du läufst mit federnden Schritten in Richtung Kita-Tür und freust dich darauf, deinen Sohn nach einem langen Vormittag in die Arme zu schließen. Von ihm unbemerkt siehst du ihn fröhlich und zufrieden spielen – dann entdeckt er dich. Bei deinem Anblick steht ihm ungefähr für den Bruchteil einer Sekunde die Freude ins Gesicht geschrieben.

Doch von einem Moment auf den anderen wechselt die Stimmung von Sonnenschein auf Sturm und Dauerregen: Tränen, weil du keine Gummibärchen mitgebracht hast, sondern ein Brötchen. Gebrüll, weil der linke Schuh auf einmal scheinbar geschrumpft ist und nicht mehr passt. Ein lautstarker Wutanfall, weil du den Vorschlag gemacht hast, in den Zoo zu gehen und nicht auf den Spielplatz. Sofort ist dir klar, du kannst jetzt nur verlieren und dir steht ein anstrengender Nachmittag bevor.

Die Kita ist für alle ein anstrengender Arbeitsplatz

Dein Sohn leistet in der Kita für sein Alter Großes: Er ordnet sich in die Gruppe ein, befolgt Regeln, übt Sozialverhalten, spielt, tobt, probiert aus, lernt, entdeckt die Welt. Das alles im Kontakt mit Menschen, zu denen er zwar eine gute Bindung aufgebaut hat und die ihm beistehen und ihn trösten dürfen, dennoch wird er sich in der Kita immer unbewusst mehr zusammenreißen als in Gegenwart seiner sichersten Bindungsperson – und das bist du.

Ein ganz normaler Kita-Vormittag bedeutet für deinen Sohn Schwerstarbeit. Selbst kleinste Kinder spüren genau, wie wichtig es ist, sich einer sozialen Gruppe anzupassen und angenommen zu werden. Das ist auch der Grund, warum wir oft den Eindruck haben, dass es woanders immer besser läuft als zu Hause. Denn zu Hause ist absolute Sicherheit. Da kann dein Sohn alle Beherrschung loslassen und sich gehen lassen.

Sobald er dich in der Kita also erblickt, ist es nach einem anstrengenden Tag durchaus normal, dass er gewissermaßen vor deinen Augen zusammensackt. Gleichwohl das für dich sehr anstrengend ist, denn hinter dir liegt ebenfalls ein Vormittag, der dich erschöpft hat.

Nähe hilft, zu entspannen

Vielleicht klingt das für dich jetzt seltsam und zu kurz gegriffen, aber gehe niemals hungrig und durstig deinen Sohn abholen. Dann fehlen dir wichtige Ressourcen, um angesichts eines lautstarken Trotzanfalls oder einer tränenreichen Schuhkrise gelassen zu bleiben. So schwer es dir auch erscheinen mag, versuche ruhig und gelassen zu bleiben, indem du tief durchatmest und dir bewusst machst, dass sein Verhalten vollkommen natürlich und im Prinzip ein gutes Zeichen ist – nämlich eines für eure starke und sichere Bindung.

Schenk deinem Sohn Nähe, wenn er es zulässt. Nimm ihn in den Arm oder auf den Schoß. Körperliche Nähe sorgt dafür, dass wir Glückshormone ausschütten. Dein Sohn wird sich so schneller wieder fangen und innerlich auftanken.

DAS ENTSPANNT EUREN ALLTAG – SETZE GRENZEN

Bleibe ruhig, liebevoll, aber auch bestimmt, wenn dir seine Laune zu bunt wird. Erkläre ihm, dass du Verständnis für seine Erschöpfung und sein Gefühle hast, aber dass auch du freundlich behandelt werden möchtest. Schau, was dein Sohn jetzt braucht: entspanntes Kuscheln, eine Runde vorlesen oder frische Luft auf dem Spielplatz. Wenn ihr Termine habt, versuche das Abholen so einzuplanen, dass dein Sohn noch Zeit für eine kleine Verschnaufpause hat.

Du kannst auch einmal darauf achten, wo sich deine Aufmerksamkeit befindet, wenn du in die Kita kommst. Oft unterhalten wir uns noch schnell mit anderen Eltern, tauschen ein paar Informationen mit den Erziehern aus und sind abgelenkt. Doch nach einem Vormittag ohne seine engsten Bezugspersonen braucht dein Sohn jetzt erstmal deine Aufmerksamkeit und er möchte, dass du dich um ihn und seine Bedürfnisse kümmerst. Schlechte Laune kann ein Signal dafür sein.

Beschäftige dich beim Abholen intensiv mit deinem Sohn. Begib dich auf Augenhöhe und frage ihn, was er erlebt hat, wie es ihm geht und – wenn die Möglichkeit besteht – was er gerne unternehmen möchte. Wenn er seinen Aufmerksamkeitstank wieder gut gefüllt hat, wird sich auch seine Laune bessern.

Sitzblockade auf dem Spieleteppich

Morgens will dein Sohn nur mit größten Überredungskünsten in die Kita und kann sich schwer von dir trennen, nachmittags findet er dann beim Spielen kein Ende? Wenn du aufkreuzt und versuchst, ihn zum Mitkommen zu bewegen, folgen nur Gejammer und Geschrei. So startet jeder Nachmittag nervenaufreibend.

Viele Kinder haben Schwierigkeiten, schnell von einer Situation zur nächsten zu wechseln. Sie sind so in ihr Spiel vertieft, dass nur der gegenwärtige Augenblick für sie zählt. Alles, was danach kommt, entzieht sich ihrem Horizont und ihrem Interesse – insbesondere wenn es Termine und Pflichten sind, die wir Eltern für sie bestimmt haben.

Häufig stecken auch wir Eltern mit den Gedanken so in unseren Zeitplänen und Abläufen fest, dass uns gar nicht bewusst ist, dass es in unserer Erwachsenenwelt schlichtweg rücksichtslos und unhöflich wäre, jemanden in seiner Beschäftigung oder Arbeit zu unterbrechen und von ihm zu verlangen, augenblicklich mit uns mit zu kommen. Interessanterweise stellen wir diese Anforderung an unsere Kinder sehr oft und vergessen, dass die Dinge, mit denen sie sich gerade befassen, auch wertvoll und wichtig sind.

Gib deinem Sohn Zeit, sich aus dem Spiel zu lösen. Zeige Interesse für seine Beschäftigung, frage, was er dort gerade tut, schenke ihm Aufmerksamkeit. Ohne Termindruck fällt das natürlich leichter, bring also immer genug Zeit mit in die Kita.

DAS STÄRKT DEINEN SOHN – GIB IHM GENÜGEND ZEIT

Lasse deinen Sohn noch ein wenig spielen und kündige euren Aufbruch so an, dass er für ihn gut begreifbar ist und er darauf „hinarbeiten" kann: „Füll noch zwei Mal den Sandeimer und dann komm bitte." Oder: „Fahr noch eine Runde, dann parke bitte dein Fahrzeug und komm zur Garderobe." Das gibt deinem Sohn Spielraum, sich aus dem Spiel und der aktuellen Situation zu lösen. Außerdem spürt er so, dass du seine Interessen respektierst.

Nicht immer klappt es, sich allein anzuziehen

Eigentlich ist dein Sohn durchaus in der Lage, sich alleine die Schuhe und seine Jacke anzuziehen. Doch jeden Nachmittag musst du auf Knien auf dem Kita-Fußboden herumrutschen und ihm helfen, weil er sich standhaft weigert, sich fertig zu machen.

Unterstützung von anderen und sich helfen lassen, obwohl man durchaus in der Lage ist, es selbst zu tun, sind vollkommen natürliche Strategien, mit denen wir Menschen das Gefühl stärken, geliebt zu werden und angenommen zu sein. Nachmittags sind die Akkus deines Sohnes erschöpft, er ist müde – vielleicht gerade wirklich zu müde, Dinge zu erledigen, die er eigentlich längst selbst tun kann. Nach vielen Stunden ohne dich ist deine Hilfe bei scheinbaren Kleinigkeiten zudem für ihn eine Möglichkeit, Nähe und das Gefühl, geliebt zu werden, zu tanken. Seine Weigerung ist weder Provokation noch Trotzverhalten.

Hilf deinem Sohn. Nimm ihn auf deinen Schoß und zieh im die Schuhe und seine Jacke an. Keine Sorge, er wird das von ganz allein eines Tages nicht mehr wollen. Deine Unterstützung und die Nähe tun ihm nach einem anstrengenden Tag gut, betrachte es als Möglichkeit, ihn deine Liebe spüren zu lassen. Körperkontakt tut ihm jetzt gut und hilft ihm, sich zu entspannen und zu sammeln.

DAS STÄRKT DEINEN SOHN – SEI NACHSICHTIG UND UNTERSTÜTZE IHN

Wir vergessen oft, wie klein unsere Söhne noch sind – insbesondere in der Kita, aber auch noch in der Grundschule. Sie wachsen gerade erst heran, machen grundlegende Erfahrungen für ihr Leben und sind in vielen Bereichen tatsächlich einfach auf unsere Hilfe angewiesen, das liegt in der Natur der Sache. Wenn dein Sohn sich deiner Unterstützung sicher ist, fördert das seine natürliche Entwicklung und stärkt sein Vertrauen in zwischenmenschliche Beziehungen und das Leben.

Liebe macht stark

Erst neulich wieder habe ich von einer Mutter gehört, dass sie Angst hat, ihren Sohn zu einer Memme zu erziehen, wenn sie ihn zu viel unterstützt. Ich kann diese Angst durchaus nachvollziehen, da wir uns alle wünschen, dass unsere Söhne zu eigenständigen Männern heranwachsen, die für sich selbst sorgen können. Vielen spukt sogar schon im Kita-Alter des Kindes das Bild einer Schwiegermutter im Kopf herum, die sich die Haare rauf, weil der Mann, den wir herangezogen haben, so unselbstständig ist.

Die Pädagogik des Nationalsozialismus‘ scheint zwar einerseits schon Generationen zurückzuliegen, dennoch haben sich viele Spuren dieses unnachgiebigen und auf physischer und psychischer Gewalt beruhenden Erziehungsstils bis weit in unsere Zeit hinein fortgesetzt. Bis in die 1970er- und 1980er-Jahre waren beispielsweise die Lehrsätze der deutsch-österreichischen Lungenärztin Johanna Haarer noch in Familienratgebern zu lesen. Dieser Erziehungsstil sollte Mitläufer und Soldaten formen, missachtete bewusst die Bedürfnisse der Kinder, um sie gefühls- und bindungsarm zu machen. Das mögliche Resultat: Erwachsene, die nicht beziehungsfähig sind, mit Depressionen zu kämpfen haben und kaum Selbstwertgefühl besitzen.

Heute wissen wir vieles besser und trotzdem schwingt oft die alte Angst, dass wir unsere Kinder zu sehr verwöhnen könnten, mit. Doch ist der Mensch auf Selbstständigkeit programmiert. Kinder wollen groß werden und Dinge alleine schaffen. Am besten geht das mit einer ordentlichen Portion Sicherheit, Mut und Selbstvertrauen, die sie schöpfen, indem wir gute und sichere Beziehungen zu ihnen pflegen – Unterstützung, Fürsorge und liebevolle Hilfe sind die stärksten Motoren dafür.

Überforderungsstopp durch weniger Termine

In vielen Familien besteht die Tendenz, auch während der Freizeit in großen Terminstress zu verfallen: Kinderturnen, Musikschule, Fußballtraining – vom ohnehin kurzen Nachmittag bleibt oft viel zu wenig Zeit zum Bummeln, Luftholen oder einfach nur draußen spielen. Mittlerweile gibt es so viele Förder- und Freizeitangebote für unsere Kinder, dass sie im Grunde genommen überhaupt keine freie Minute mehr haben müssen.

Oft kommen zwei Faktoren zusammen: Wir wünschen uns die bestmögliche Förderung für unseren Nachwuchs. Und die Kinder sind neugierig, schnell zu begeistern und wollen an allem teilnehmen, was sie in ihrem Umfeld mitbekommen. Bei allen guten Absichten gerät dabei schnell aus dem Blick, wie wichtig es ist, auch einfach mal keine Termine zu haben, über Zeit zu verfügen, in den Tag hineinzuleben und draußen oder zu Hause den Raum dafür zu öffnen, spontane kleine Abenteuer zu erleben, Buden zu bauen, durch den Wald zu wandern oder im Gras zu liegen und Wolkenbilder zu beobachten.

DAS STÄRKT DEINEN SOHN – ERMÖGLICHE FREIES SPIEL

Aus Freiräumen heraus kann dein Sohn Ideen und freie Spiele entwickeln, die ihn nachhaltiger fördern als jedes Programm es vermag. Nur innerhalb dieser Freiräume lernt er, Spiele und Aktivitäten aus dem Nichts heraus zu erschaffen, kreativ zu werden und mit anderen in Interaktion zu treten. Das alles sind wichtige Fähigkeiten für ein erfülltes und erfolgreiches Leben als Erwachsener. Freies Spielen ist das beste Trainingsgelände für soziale Fähigkeiten.

Ein luftiger Terminkalender am Nachmittag hilft dir außerdem dabei, Stress schon beim Abholen in der Kita oder in der Schule zu vermeiden. Wenn ihr keinen Zeitdruck habt, spielt es keine Rolle, ob dein Sohn fünf oder zehn Minuten braucht, um sich die Schuhe anzuziehen – oder sich hineinhelfen zu lassen.

Entspannungs- und Aktivierungsübungen

Egal, ob Kita- oder Schulkind – wenn dein Sohn seine „Frühschicht" hinter sich hat, hat er Enormes geleistet. Er wird müde sein – wenn vielleicht auch nur geistig, weil er viel zuhören und kognitiv arbeiten musste. Vielleicht ist dabei die Bewegung zu kurz gekommen. Eventuell muss er aber auch erst einmal herunterfahren, um die Reize und Eindrücke des Vormittags hinter sich zu lassen.

Seine Ab- oder Angespanntheit zeigt dein Sohn dir. Entweder mit Nörgeln, Jammern, Wut und schlechter Laune. Oder er ist unruhig, hüpft durch die Gegend wie ein Gummiball und ist rastlos. Höchste Zeit für kleine Energie-Tankstellen – die gibt es nämlich auch für Kinder. Probiere aus, was dein Sohn gerade braucht und was für ihn funktioniert. Die folgenden Achtsamkeits- und Körperübungen dauern nur wenige Minuten und auch kleinere Kinder sind für dafür schnell zu begeistern.

Grimassen schneiden gegen miese Laune

Bitte deinen Sohn, die Augen zu schließen, tief ein- und auszuatmen und an ein schönes Erlebnis zu denken – das entspannt ihn. Nach einigen tiefen Atemzügen soll er wilde Grimassen ziehen, mit dem Kiefer wackeln, den Mund aufreißen, das ganz Gesicht in Bewegung setzen, so lange es sich für ihn gut anfühlt. So entspannt dein Sohn sein Gesicht und sogar seinen Körper, außerdem lässt er den Teil des Tages, an dem er sich benehmen und in die Gruppe einfügen musste, hinter sich. Wenn dein Sohn schon älter und ihm die Übung etwas unangenehm ist, kann er das Gesicht hinter seinen Händen verstecken. Sucht euch ansonsten dafür einen Ort, an dem ihr für einen Moment ungestört seid. (Dauer: etwa zwei Minuten)

DAS STÄRKT DEINEN SOHN – LEBE ACHTSAMKEIT VOR

Achtsamkeit ist etwas, das wir Erwachsenen oft erst mühsam lernen müssen, weil es uns in unserer Kindheit niemand vorgelebt hat. Wenn Entspannungstechniken und Strategien, zu sich zu kommen und die eigenen Bedürfnisse zu fühlen, aber bereits jetzt zum Alltag deines Sohnes gehören, wird er es als Erwachsener leichter haben, gut für sich zu sorgen.

Traumreise mit Lauschangriff

Nimm deinen Sohn zur Entspannung mit auf eine Miniatur-Traumreise. Bitte ihn, die Augen zu schließen und tief ein- und auszuatmen. Er soll sich vorstellen, er ist ein Löwe oder eine andere Raubkatze, die gerade einen bunten Schmetterling entdeckt hat, dem er hinterherjagen möchte. Er ist ziemlich aufgeregt über seine Entdeckung – so aufgeregt, dass er erst einmal wie angewurzelt stehen bleibt. Er holt tief Luft und lauscht konzentriert, was er um sich herum hört. Vielleicht das Summen einer Biene oder das Rauschen des Winds in den Blättern. Der Löwe bleibt ganz ruhig stehen, lauscht und beobachtet den Schmetterling. Dann setzt er sich langsam in das Gras unter seinen Tatzen und beobachtet ganz ruhig, wie der Schmetterling davonfliegt. Dann holt er noch einmal tief Luft und öffnet langsam seine Augen. Dieser kleine Fantasie-Ausflug entspannt deinen Sohn mental und durch die Atmung auch körperlich. (Dauer: höchstens fünf Minuten)

Kuchen-Atmung zur Blitz-Entspannung

Lasse deinen Sohn ganz tief einatmen, so tief, bis sein ganzer Bauch wie ein Luftballon gefüllt ist. Dabei soll er sich vorstellen, dass er den Duft seines frischgebackenen Lieblingsgeburtstagskuchens riecht, der durch die Nase in seinen gesamten Körper strömt. Bitte deinen Sohn, nach dem Einatmen einen Moment die Luft anzuhalten, jedoch nicht länger als fünf Sekunden. Anschließen soll er sich vorstellen, wie er mit voller Kraft beim Ausatmen alle Kerzen auf dem Kuchen auf einmal auspustet. Wiederholt das Ganze zwei bis drei Mal. (Dauer: drei Minuten)

Schütteln und Zappeln gegen den Stress

Dein Sohn muss Stress und Anspannung abbauen? Das geht am besten durch Bewegung – wenn es dabei noch lustig zugeht und er auf und ab hüpft, werden zusätzlich Glückshormone ausgeschüttet. Er entspannt sich und baut überschüssige Energie ab. Bitte deinen Sohn, auf der Stelle zu hüpfen und dabei Arme, Schultern und die Hände kräftig auszuschütteln. Nach etwa einer Minute kann er stehen bleiben und sanft die Schultern nach vorne und dann nach hinten kreisen – ebenfalls etwas eine Minute lang. Danach wird noch einmal für eine Minute der ganze Körper durchgeschüttelt und -gerüttelt, auch die Beine und die Füße. Zum Abschluss kann dein Sohn noch vorsichtig für eine weitere Minute im Stehen seinen Kopf von links nach rechts und zurück rollen. (Dauer: vier Minuten)

In Gedanken an einen schönen Ort gehen

Zur Entspannung nach einem stressigen Kita- oder Schultag kann auch eine etwas längere Traumreise – natürlich immer dem Kind angemessen – sehr wirkungsvoll sein. Sprich im Vorfeld mit deinem Sohn ab, an welchen schönen Ort er in Gedanken reisen möchte. Das kann ein Urlaubsort sein, ein schöner Platz in der Natur oder eine Kuschelecke, in der er sich wohlfühlt. Anschließend kann er sich bequem hinlegen, die Augen schließen und ganz ruhig und tief atmen. Du führst ihn mit deinen Worten in seiner Vorstellungskraft dann an diesen Wunschort. Bitte ihn, sich genau auszumalen, wie es dort aussieht. Sprich alle seine Sinne an: Was kann er riechen, fühlen, schmecken und hören? Wenn ihr die Reise alleine unternehmt oder er es noch nicht schafft, das nur in Gedanken zu tun, kann er seine Eindrücke aussprechen und mit dir teilen.

Lass ihn so lange an diesem Ort verweilen wie er möchte und bis er das Gefühl hat, sich dort mit wunderschönen und positiven Bildern aufgeladen zu haben. Dann lass ihn wieder sanft und langsam zurück in die Gegenwart reisen, indem er vorsichtig die Augen öffnet, sich reckt und streckt und erst dann ganz langsam wieder aufsteht, wenn er wieder vollkommen im Hier und Jetzt angekommen ist und sich ein wenig aktiviert hat. (Dauer: 5 bis 15 Minuten)

DAS ENTSPANNT EUREN ALLTAG – FINDET HERAUS, WAS EUCH GUTTUT

Findet für euch heraus, was euch gemeinsam nach der Kita oder der Schule guttut: aktive Entspannung auf dem Spielplatz, eine kleine Auszeit, während der ihr ein Hörspiel hört, etwas lest oder malt. Vielleicht findet ihr auch ganz eigene Übungen und Routinen. Wenn noch Hausaufgaben anstehen, ist es hilfreich, zuerst kurz durchzuschnaufen, bevor der Kopf wieder an die Arbeit muss – wenn es euer Zeitplan erlaubt und dein Sohn keine Verabredung für den Nachmittag hat.

Sitzstreiks unterwegs oder im Treppenhaus

Spätestens ab einer gewissen Gewichtsklasse des Kindes fangen alle Eltern an, einen ganz bestimmten Zeitpunkt herbeizusehnen: Wann läuft es endlich dauerhaft allein? Das ist verständlich, schließlich wird unser Eltern-Körper jeden Tag ziemlich beansprucht. Wir tragen nicht nur das Kind, die Taschen, die zum Kinderhaben mitunter schwervermeidlich dazugehören, die Einkäufe und noch vieles mehr. Wir befinden uns dazu auch tagtäglich in haltungsunfreundlichen Spiel- und Schlafpositionen wieder. All das macht sich früher oder später bemerkbar. Also bist du froh, über jeden Schritt, den dein Sohn alleine macht. Und das kann er, das siehst du jeden Tag beim Toben und in der Kita.

Einen Kinderwagen oder Buggy schiebst du in der Regel nur noch leer vor dir her oder transportierst darin Fahrzeuge, Sandspielzeug und Kekse. Trotzdem scheinen deinem Sohn immer wieder – insbesondere nachmittags – die Beine zu versagen und er will unbedingt getragen werden. Jedes Nein deinerseits endet in Tränen und Geschrei. Jeder Meter und insbesondere jede Treppe stellen dann unüberwindbare Hindernisse dar.

Schau auf die Details

Stell dich einmal gemeinsam mit deinem Sohn vor die Treppenstufen, die euch regelmäßig das Leben schwer machen, und schau, bis wohin sie dir reichen. Abhängig von der Größe deines Sohnes werden sie ihm bis zum oberen Ende oder zur Mitte der Wade oder sogar bis zu der Kniekehle reichen, dir hingegen vermutlich nur bis leicht oberhalb der Knöchel.

Je nachdem, in welcher Etage ihr wohnt, ist es vielleicht für dich selbst sogar schon anstrengend und nervig, viele Male am Tag diese Stufen rauf und runter zu laufen. Je kürzer die Beine, desto anstrengender sind die Auf- und Abstiege. Doch auch bei den Strecken zur Kita oder zum Spielplatz müssen die kurzen Beine deines Sohnes ganz schön ackern.

Optische Ziel- und Etappenpunkte setzen

Wenn ihr täglich viele Treppen zu bewältigen habt und dein Sohn dabei regelmäßig müde wird, kannst du auch – eventuell nach Absprache mit anderen Mietern – bunte Bilder an jedem Treppenabsatz anbringen. Dann hat dein Sohn einzelne Zielpunkte, die ihn motivieren. Eine ansonsten sehr unübersichtliche und lang wirkende Strecke wird so für ihn in viele kleine Abschnitte unterteilt und überschaubarer.

Wenn ihr die Bilder gemeinsam aussucht oder sogar zusammen malt, funktioniert es noch besser. Baue Steigerungen in die Bilder ein: Füge einem Gegenstand, einem Tier oder einer Farbe immer ein weiteres hinzu, so dass es beispielsweise mit jeder Etage mehr werden. Durch zeitweilige Wechsel könnt ihr auch Buchstaben- oder Zahlenreihen üben.

DAS ENTSPANNT DICH – LASS LOS

Wenn du manchmal um zwei Ecken denkst und dir bewusst machst, dass die wenigsten Konflikte, die dein Sohn vom Zaun bricht, pure Trotzerei oder Machtkämpfe sind, macht das diese Situationen nicht zwangsläufig seltener. Doch du wirst sie in einem anderen Licht sehen und weniger oft in den Widerstand gehen und in den Kampf ziehen. Denn das ist es letztendlich, was Reibereien noch anstrengender macht als sie ohnehin schon sind.

Manchmal braucht dein Sohn einen Reibungspunkt

Wenn dein Sohn morgens noch nicht richtig wach ist oder einen fordernden Tag in der Kita hinter sich gebracht hat, ist es nicht verwunderlich, dass er streikt. Es kann aber auch einfach innerliche Erschöpfung der ausschlaggebende Punkt sein, wenn er getragen werden möchte. Vielleicht sucht dein Sohn Nähe und Körperkontakt, um aufzutanken.

Möglicherweise braucht er aber auch gerade einen Reibungspunkt, um während eines Konflikts inneren Stress abbauen zu können. Das ist vollkommen normal, weil Kinder einfach sehr oft noch gar nicht benennen können, wenn sie angespannt oder frustriert sind und warum. Sie suchen sich dann ganz einfach ein Ventil. Irgendwie sehr schlau, oder? Aber natürlich auch sehr anstrengend – für alle Beteiligten.

Findet gemeinsam Kompromisse

Je nachdem, wie groß und schwer dein Sohn ist und wie fit du bist, kannst du ihn einfach auf den Arm nehmen und tragen. Keine Sorge, er wird deswegen nicht auch noch als Jugendlicher danach fragen. Oftmals reicht es schon aus, wenn ihr einen Kompromiss findet: Bis zum nächsten Baum, fünf Stufen oder bis zur nächsten Ecke. Einer meiner Söhne wollte eine Zeitlang nach der Kita grundsätzlich auf den Arm. Ich war genervt, empört und fand ihn ohnehin viel zu schwer für so etwas. Dann habe ich bemerkt, dass es ihm wirklich nur um einen kleinen Moment des Körperkontakts geht und er schon glücklich und zufrieden ist, wenn er nur für wenige Meter von mir getragen wird. Von da an war ich viel entspannter und schneller bereit, ihn kurz hochzunehmen.

DAS STÄRKT EUREN ALLTAG – SUCHE KLEINE ABLENKUNGEN

Wenn dein Sohn sich noch nicht in einer starken emotionalen Aufregung befindet, kannst du versuchen, ihn abzulenken und ihn auf spannende Dinge in der Umgebung hinweisen: einen Ast, auf dem ein Vogel sitzt, einen Gegenstand, den jemand verloren hat, die Katze hinter dem Fenster oder was auch immer ihr erblickt. Denkt euch eine Geschichte aus, wer diesen Weg vielleicht vor euch schon zurückgelegt hat – ein Pirat, ein Dinosaurier oder ein Ritter – und sucht nach Hinweisen. Oft lassen sich Kinder schnell und tief in ein solches Spiel hineinziehen, dass sie gar nicht mehr registrieren, dass sie die Strecke gerade selbst laufen. Das entspannt nicht nur die Situation, sondern macht Spaß und schafft euch viele kleine schöne Momente.

Fahren oder gefahren werden

Wer nicht laufen will, möchte vielleicht fahren. Nehmt ein Fahrrad, ein Laufrad, einen Roller oder einen Puppenwagen – ja, den können auch Jungen schieben – mit. Dann hat dein Sohn eine Aufgabe und etwas zu tun. Er ist damit viel schneller als zu Fuß oder hat die Möglichkeit, unterwegs Stöcke, Steine und andere Schätze einzusammeln. So macht Fortbewegung definitiv mehr Spaß.

Eine gute Initialzündung sind auch immer ältere Geschwister – sofern vorhanden und anwesend. Sie sind oft wahre Meister darin, die Kleinen zum Laufen und Mitkommen zu motivieren.

Nimm im Zweifelsfall einen leichten Buggy oder einen faltbaren Bollerwagen mit. Dann hast du eine gute Möglichkeit, dein müdes Kind und alles, was ihr sonst noch mit euch herumtragt, dort hinein zu verfrachten.

DAS ENTSPANNT DICH – VERTRAUE DEINEM KIND

Auch wenn du gerade oft noch sehr genervt von deinem kleinen Bewegungsmuffel bist, mache dir klar, dass auch das mit der Zeit ganz allein vorübergehen wird. In der Regel fragen die meisten Kinder nach dem vierten Geburtstag kaum noch danach, getragen zu werden. Einige Eltern greifen bis dahin hin und wieder zu einer Rückentrage, um den müden Nachwuchs ein paar Meter rückenschonend befördern zu können.

Hausaufgaben nerven und Lernen macht keinen Spaß

Bei einigen Kindern bieten Hausaufgaben und Üben außerhalb der Schule überhaupt keinen Zündstoff. Doch in viel Familien – und insbesondere in solchen, in denen Jungen aufwachsen – bringt das Thema Eltern und Kinder regelmäßig zum Verzweifeln: die Eltern, weil sie das Gefühl haben, jedes ihrer Worte verhallt ungehört im Raum, weil sie wie Feldwebel dafür Sorge tragen müssen, dass der Nachwuchs überhaupt einen Blick in die Bücher wirft, und die Kinder, weil sie enormen Druck verspüren, ohne für sich den Sinn dahinter überhaupt zu begreifen.

Das Schulsystem steht als riesiger, starrer Apparat Millionen individuellen Kindern entgegen, die alle an den gleichen Maßstäben gemessen werden und sich nach standardisierten Verfahren Wissen aneignen sollen. Schon auf den Blick wird klar, dass das idealer Nährboden für viele Probleme ist.

Bewertungssysteme können enormen Stress auslösen

Vorab eine Tatsache: Lernfreude und Wissbegierde liegen in der Natur deines Sohnes, so wird er geboren und so erforscht er mit jedem Lebenstag die Welt. In der Schule gerät dieses natürliche Programm bei vielen Kindern unter Stress, weil Leistung und Können nun anhand von einheitlichen Bewertungsschemata beurteilt werden. Das nimmt vielen Kindern Leichtigkeit und Freude am Lernen.

Negativ bewertete Leistungen sorgen für Enttäuschung, Frustration, Versagensgefühle und Scham – durchweg Emotionen, die Menschen, egal welchen Alters, dazu bringen, eine Lähmungshaltung anzunehmen, zu erstarren, sich zu verkriechen und kleinzumachen, anstatt zu motivieren. Dir wie mir ist klar, dass unser Schulsystem nun einmal so funktioniert und dass wir in den kommenden Jahren wohl keine tiefgreifenden Veränderungen auf diesem Gebiet zu erwarten haben. Dennoch ist es wichtig zu verstehen, wie dein Sohn auf die

Erfahrungen, die er in der Schule macht, reagiert und einen Weg zu finden, damit umzugehen.

Verweigerungshaltung oder Lähmungserscheinung?

Dein Sohn hat tagtäglich enorme Schwierigkeiten, sich für seine Hausaufgaben zu motivieren. Von selbst beginnt er einfach nicht damit und auch deine Aufforderungen müssen oft und recht nachdrücklich erfolgen, bis er sich endlich aufrafft. An manchen Tagen verweigert er die Hausaufgaben vielleicht sogar komplett.

Das kann unterschiedliche Ursachen haben. Wie beim Anziehen oder Aufräumen kann ein Berg an Aufgaben deinem Sohn sehr schnell zu groß und unbezwingbar erscheinen, so dass dieser ihn schlichtweg lähmt und er ein Verhalten an den Tag legt, das uns Erwachsenen gemeinhin als „Aufschieberitis“ oder Prokrastination bekannt ist. Er schafft es aufgrund des riesigen Berges, der vor ihm liegt, gar nicht erst anzufangen. Bedenke dabei: Was dir vielleicht wie ein Klacks erscheint, kann deinen Sohn enorm einschüchtern und lähmen.

DAS STÄRKT DEINEN SOHN – ZERLEGE GROSSE AUFGABEN

Knick die Aufgaben einfach! Das ist wortwörtlich gemeint. Sitzt dein Sohn vor einem Zettel oder einer ganzen Buchseite mit Aufgaben, die er lösen soll, kann ihm diese Menge in ihrer Gesamtheit einfach viel zu viel erscheinen. Falte das Blatt so, dass er immer nur die Aufgabe sieht, die er aktuell bearbeiten soll. Bei Büchern kannst du den Rest der Seite mit einem Zettel abdecken. Diese einfache Methode hilft deinem Sohn, die ihm viel zu groß erscheinende Menge an Arbeit auszublenden und sich auf eine einzige Aufgabe zu fokussieren.

Suche eine Strategie, wie du den großen Aufgabenberg für ihn portionieren kannst. Zerlege alles bei Bedarf in möglichst kleinteilige Schritte, so lernt dein Sohn auch, selbst mit Aufgaben umzugehen, die ihm zunächst zu groß erscheinen.

Sei mit deinem Sohn auf Augenhöhe

Achte bei den Lern- oder Hausaufgabensituationen einmal darauf, wie du und dein Sohn positioniert seid. Sitzt er am Schreibtisch, während du dich von oben herabbeugst? Oft besteht in solchen Momenten schon ein eindeutiges körperliches Größengefälle, das dazu beitragen kann, dass dein Sohn sich noch unwohler in seiner Lage fühlt und der Druck abermals erhöht wird.

DAS STÄRKT EURE BEZIEHUNG – GEHT KOMPROMISSE EIN

Ich habe eine gute Freundin, deren Sohn im Grunde genommen keinerlei Lernschwierigkeiten hat. Allein die Hausaufgaben sind in ihrer Familie ein ständiger Streitpunkt gewesen – bis sie verstanden hat, dass sie ihrem Sohn wirklich manchmal zu viel sind und es nichts mit Faulheit zu tun hat, wenn er sich verweigert. Seitdem machen sie in solchen Situationen die Aufgaben zusammen: Sie wechseln sich beispielsweise damit ab, Ergebnisse aufzuschreiben, teilweise schreibt sie beispielsweise die Matheaufgaben komplett für ihn, während er rechnet. Bislang hat sich kein Lehrer über dieses System beschwert und im Zweifelsfall kann sie das Gespräch suchen und sich für diese Vorgehensweise das Okay des Lehrers holen. Ob sie keine Angst hat, dass ihr Sohn dabei zur Faulheit erzogen wird? Nicht die Spur, weil ihr Sohn, der schließlich alle Aufgaben selbst löst, lernt, dass es Kompromisse gibt, dass er Unterstützung erhält und mit seinen Schwierigkeiten nicht alleingelassen wird.

Kinder erfahren in den Jahren ihres Heranwachsens so viele Momente der körperlichen Unterlegenheit, ist da nicht der brennende Wunsch nach Selbstbestimmtheit und eigener Größe vollkommen nachvollziehbar? Wenn du dich körperlich auf Augenhöhe bringst, dir einen Stuhl nimmst, dich neben ihn setzt und respekt- und verständnisvoll mit ihm umgehst, wird das der Situation bereits sehr viel Druck nehmen. Verständnis für seine Unlust zu formulieren, kann eine sehr starke Brücke zwischen euch sein, die das Vertrauen und die Beziehung zwischen euch weiterbringt. Verständnisvoll zu reagieren heißt nicht, dass dein Sohn seine Aufgaben nicht erledigen oder dass er nicht lernen muss. Allerdings wird es ihn wesentlich offener dafür machen, wenn du ihm erklärst, dass es dir früher genauso gegangen ist und heute auch hin und wieder mit einigen Dingen so geht. Und Hand aufs Herz: Wer würde nicht lieber mit Freunden spielen oder draußen unterwegs sein, anstatt am Schreibtisch zu sitzen.

Vergessene Hausaufgaben

Spät abends oder am frühen Morgen fällt deinem Sohn regelmäßig ein, dass er eigentlich noch Aufgaben zu erledigen hatte. In der Regel kommen diese Geistesblitze genau dann, wenn es eh gerade trubelig ist, alle müde oder in Eile sind. Die Vergesslichkeit deines Sohnes ist keine böse Absucht

Diese Vergesslichkeit nervt – keine Frage. Du wünschst dir, dass dein Sohn Pflichtbewusstsein entwickelt und eigenständig an seine Aufgaben denkt. Das ist vollkommen verständlich. In den meisten Fällen wird die Vergesslichkeit deines Sohnes allerdings weder Berechnung, noch böse Absicht sein. Schule ist eine Angelegenheit, die für viele Kinder ein von außen an sie herangetragenes Motiv bedeutet. Auch wenn sie in der Kita alle wild auf die Einschulung sind – schließlich bedeutet das, zu den Großen zu gehören – ist die Schule mit ihren Pflichten und Inhalten nicht unbedingt etwas, für das sich Kinder von sich aus entscheiden würden. Was fehlt, sind der persönliche Bezug – warum betrifft mich das? – und die sogenannte intrinsische Motivation, also der von innen heraus genährte Antrieb, für etwas Energie aufzubringen. Dein Sohn ist im Grundschulalter auch definitiv nicht in der Lage, sich vorzustellen, warum die Schule und ein Schulabschluss für sein Leben wichtig sind, dafür ist er noch nicht weit genug in der kognitiven Entwicklung. Leichter macht es dir das natürlich nicht.

Selbstverständlich begegnen allen Menschen in ihrem Leben immer wieder Situationen und Pflichten, die unliebsam sind und dennoch erledigt werden müssen. Das lernt dein Sohn von klein auf und er erlebt auch, wie du damit umgehst.

DAS STÄRKT DEINEN SOHN – DENKE DIR GESCHICHTEN AUS

Welche Lerninhalte dein Sohn langweilig findet, hängt untrennbar mit seiner Persönlichkeit zusammen. Es ist erwiesenermaßen sehr schwer, Zugang zu Themen zu finden, die nicht den jeweiligen Interessen entsprechen. Das wirst du aus eigener Erfahrung kennen. Es gibt aber eine Möglichkeit, diese Schwierigkeit zu umgehen. Diese Strategie kannst du dir übrigens auch zunutze machen, wenn es deinem Sohn schwerfällt, sich gewisse Dinge zu merken. Verknüpfe den für ihn uninteressanten Lernstoff mit einer Geschichte, die ihn mitfiebern lässt, denn Gefühle sorgen dafür, dass das Gehirn Aspekte länger und intensiver abspeichert. Details einer guten Geschichte werden die wenigsten Menschen vergessen, denn sie erleben dabei Freude, Spannung, Aufregung und Traurigkeit – Gefühle, die es dem Gehirn nahezu unmöglich machen, zu vergessen.

Schließt Verträge

Schließt einen Vertrag ab, in dem ihr festhaltet, wie ihr mit dem Thema Lernen und Hausaufgaben umgeht. Dazu gehören echte Vertragsgespräche, in der die Partner – also dein Sohn und du – sagen, wie sie sich das Ganze vorstellen, was sie sich wünschen und wie sie es erreichen können. Vielleicht ist es deinem Sohn lästig, die Aufgaben unter deiner Aufsicht zu erledigen, und du darfst während dieser Zeit nicht in sein Zimmer kommen. – Nehmt solche Aspekte in den Vertrag auf. Wenn es deinem Sohn hilft, die Hausaufgaben vom Lehrer nachschauen zu lassen – prima! Wenn er sich dabei allerdings kontrolliert und bestraft fühlt, findet einen anderen Weg.

Wichtig ist dabei, dass der Vertrag kein Druckmittel gegen deinen Sohn ist, sondern eine Vereinbarung, die beide Seiten respektieren und tragen, und auf die ihr euch berufen könnt. Macht die Angelegenheit gern ganz offiziell mit Unterschrift, Stempel und Kopien für alle Beteiligten, es darf ruhig Spaß machen.

Jetzt fragst du dich vermutlich, was die Konsequenzen bei Vertragsbruch – egal ob auf Eltern- oder Kinderseite – sein sollten. Versucht, bei euren Vertragsverhandlungen das Gewicht nicht auf die Konsequenzen zu legen, die eintreten, wenn ein Partner sich nicht an die Vereinbarungen hält. Konzentriert euch auf die positiven Bestärkungen, wenn der Vertrag erfüllt wird und geht erstmal vom besten Fall aus: Beide Seiten erfüllen den Teil ihrer Abmachungen. Für deinen Sohn kann das ein kleines Plus bzw. Zugeständnis sein, ein schönes Erlebnis, ein gemeinsamer Ausflug oder sogar Extra-Bildschirmzeit. Lass ihn sein Ziel selbst festlegen, damit es auch wirklich einen attraktiven Anreiz bietet. Um das Ganze gut abzubilden, könnt ihr ein Punktesystem mit Aufklebern oder ähnlichem nutzen. Sollte dein Sohn sich nicht an eure Regelung halten, ergibt sich für ihn die Konsequenz von selbst: Das schöne Erlebnis, das ihr vereinbart habt, wird automatisch aufgeschoben, weil es nun etwas länger dauert, bis er es erreichen kann. Legt auch kleine Belohnungen für dich fest und wenn du dich an die Vereinbarungen hältst, schließlich seid ihr gleichberechtigte Partner.

DAS STÄRKT EURE BEZIEHUNG – LASS DEINEN SOHN BESTIMMEN

Lass deinen Sohn festlegen, welche Folgen ein Vertragsbruch für dich hat. Hab den Mut, dann irgendetwas Lustiges oder Albernes zu machen, verkleidet ein Lied zu singen zum Beispiel. Findet irgendetwas, das euch die Chance gibt, euch auf einer anderen Ebene zu begegnen, weil dein Sohn dich vielleicht einmal von einer ganz anderen Seite erleben kann. Daran wachsen nicht nur sein Vertrauen und eure Beziehung. Ihr schafft so auch einen Lebensmoment, an den ihr euch unter Garantie erinnern werdet.

Macht einen Hausaufgaben-Plan

Erstellt zum Schuljahresbeginn gemeinsam Hausaufgaben-Pläne – entweder von Hand oder am Computer. Im Prinzip sieht der Plan aus wie ein Stundenplan und beinhaltet auch die jeweiligen Fächer und wann sie dran sind. Baut allerdings für jedes Fach etwas mehr Platz ein. Macht es euch zur Gewohnheit, direkt nach der Schule den vergangenen Tag anhand des Hausaufgaben-Plans durchzugehen und sowohl aus dem Kopf als auch mit Hilfe des Aufgabenhefts alles zu erinnern, was zu erledigen ist. Was zu tun ist, tragt ihr an dem Wochentag ein, an dem es fällig ist. In diesen Kästchen kann dein Sohn auch notieren, wenn bestimmte Dinge einzupacken und mitzubringen sind. Der Plan kann ihn dann auch beim Schultasche Packen unterstützen. Damit der Plan nachhaltig ist, kannst du ihn laminieren oder in einen Wechselrahmen stecken. Dann braucht ihr nur noch abwischbare Stifte und könnt loslegen.

EXTRA-TIPP: MACHT ES GROSS UND BUNT

Gestaltet den Hausaufgaben-Plan so, dass es genug Platz gibt, um erledigte Aufgaben zu markieren – und zwar so, dass es Spaß macht und übersichtlich ist. Dein Sohn kann Felder in verschiedenen Farben gestalten oder mithilfe von Stempeln oder kleinen Aufgaben „abhaken". Dabei macht ihr euch zwei Vorlieben des menschlichen Gehirns zum Vorteil: Es kann Aspekte wesentlich besser erfassen und erinnern, wenn es mit verschiedenen Farben arbeitet und es liebt Erledigungen. Alles, woran wir einen Haken machen können, alle Kreise, die wir schließen, lösen die Ausschüttung von Glückshormonen im Kopf aus. Das wiederum sorgt dafür, dass uns Dinge Freude bereiten und wir sie gerne wieder tun.

Die Arbeit mit einem solchen Plan unterstützt deinen Sohn dabei, strategisches Vorgehen zu entwickeln und sich zu organisieren. Er wird dabei anfangs selbstverständlich auf deine Hilfe angewiesen sein, lernt aber im Laufe der Zeit, immer selbstständiger mit dem System zu arbeiten – insbesondere, wenn er es mitentwickelt hat.

Zuspruch zur richtigen Zeit

Das Schulsystem ist so konstruiert, dass es die Wahrnehmung stark auf Fehler und Defizite fokussiert. Das, worauf wir unsere Aufmerksamkeit richten, verstärkt sich bekanntlich in unserer Wahrnehmung, so dass wir eine große Neigung entwickeln, uns mehr auf Schwachstellen zu konzentrieren als auf unsere Stärken. Viele Erwachsene spüren bewusst oder unbewusst, wie sehr diese Prägungen aus Kindertagen ihnen auch später noch das Leben schwer machen.

DAS ENTSPANNT DICH – LEGE DEN FOKUS AUF DAS GUTE

Achte auch einmal auf deine eigene Wahrnehmung: Richtest du deine Aufmerksamkeit eher auf die Fülle und das Positive oder auf den Mangel und auf Fehler? Du kannst deinen eigenen Blickwinkel verändern, indem du beginnst, dir jeden Abend drei bis fünf Dinge (oder mehr) aufzuschreiben, die an diesem Tag gut waren, die gut geklappt haben, über die du dich freuen kannst. Du kannst zusätzlich auch notieren, wie du anderen geholfen hast oder welche Unterstützung du aus deinem Umfeld erhalten hast. Das können ganz kleine Dinge sein: eine Blume, die du gesehen hast, ein nettes Wort, ein leckerer Kaffee, jemand, dem du die Vorfahrt geschenkt hast. Schon nach kurzer Zeit wirst du bemerken, dass du mehr Freude und Zufriedenheit empfindest und gezielt danach strebst.

Sich stark auf Fehler und Defizite zu konzentrieren, schwächt das Selbstbewusstsein, die Motivation und die Freude an Arbeit und Lernen. Leider werden die allermeisten Klassenarbeiten, Tests und Hausaufgaben korrigiert, indem nur die Fehler angemerkt und dazu optisch betont werden: Zehn Wörter wurden falsch geschrieben. Dass 51 allerdings richtig sind, wird in der Regel nicht angemerkt.

Steuere dem vorprogrammierten Frust entgegen, indem du deinem Sohn auch immer wieder seine Erfolge vor Augen führst und ihm signalisierst, dass du sie wahrnimmst. Damit stärkst du sein Selbstbewusstsein enorm und bringst ihm bei, sein eigenes Können ganzheitlich wahrzunehmen und nicht durch die Defizit-Brille.

So kann dein Sohn sein Potenzial entfalten

Im Hinblick auf die Schule sind wir oft geneigt uns zu fragen, was unsere Kinder falsch machen oder was in unserer Familie nicht richtig läuft, wenn es dort nicht klappt. Das ist ein ähnlich defizitorientierter Ansatz wie im vorherigen Abschnitt beschrieben. Prinzipiell ist es natürlich gut, über Schwierigkeiten ins Nachdenken zu kommen und zu reflektieren. Doch wenn es ohnehin gerade nicht rund läuft, kann uns eine reine Konzentration auf die Fehler stark frustrieren, Kraft kosten und handlungsunfähig machen. Es lohnt sich also, erstmal einen Blick auf die Ressourcen zu werfen und sich vor Augen zu führen, was alles gut läuft und wo eure Stärken liegen. Das motiviert und setzt Energie für Veränderung frei.

Schau in solchen Situationen darauf, was dein Sohn braucht, um besser zurechtzukommen. Bei einer Pflanze, die nicht gut gedeiht, machen wir wohl in den seltensten Fällen die Pflanze dafür verantwortlich. Wir versuchen stattdessen zu ergründen, welche Bedingungen für ihr gutes Wachstum ideal sind und woran es ihr mangelt: Hat sie ausreichend Licht, zu viel oder zu wenig Wasser und die richtige Umgebungstemperatur?

Frage dich einmal, was dein Sohn braucht, um sein Potenzial entwickeln zu können.

- Hat er ausreichend Bewegung?
- Hat er genug Erholung, Schlaf und Freizeit?
- Ist sein Lernumfeld ablenkungsfrei?
- Wie viel Zeit verbringt er vor Bildschirmen?
- Wo liegen seine Interessen und seine Stärken?
- Lernt er mit Strategien, die seinem Lerntyp entsprechen?
- Zu welcher Tageszeit ist er am aufnahmefähigsten?

Mittlerweile greifen immer mehr Lehrer zu kreativen und spielerischen Lernmethoden, doch ist das leider bei weitem noch kein Standard. Im Internet gibt es tolle Lernseiten und viele Anregungen, wie dein Sohn Begeisterung fürs Lernen und die Hausaufgaben entwickeln kann. Ihr könnt sogar gemeinsam recherchieren und Strategien aussuchen, schließlich sind digitale Medien längst nicht mehr wegzudenken und ein gezielter, konstruktiver Umgang damit kann deinen Sohn in seinem Alltag unterstützen.

Lernen am Wochenende und in den Ferien

Disziplin ist ein Wert, der gesellschaftlich und kulturell durch unsere Historie tief in den meisten von uns verwurzelt ist. „Ohne Fleiß kein Preis“ und ähnliche Sprichwörter spuken schnell durch unsere Köpfe und wer in der Schule Schwierigkeiten hat, muss eben auch in der Freizeit etwas dafür tun. Aber ist das wirklich der richtige Ansatz, um deinem Sohn Freude am Lernen und an der Arbeit zu vermitteln?

Insbesondere am Wochenende und in den Ferien sollte er wirklich frei und Zeit zur Erholung haben. Ansonsten ist es für ihn ganz ähnlich wie für einen Erwachsenen, dessen Chef von ihm verlangt, auch am Wochenende zu arbeiten, im Urlaub permanent erreichbar zu sein und Beruf und Freizeit zu vermischen. Wochenenden und Ferien haben einen Grund: Entspannung, und die ist auch für deinen Sohn wichtig.

! EXTRA-TIPP: LERNEN IN DEN FERIEN

Doch es gibt auch Möglichkeiten, sich in der Freizeit auf angenehme Weise neues Wissen anzueignen und zwar so, dass es obendrein noch Spaß macht: indem ihr es spielerisch angeht.

- Lest gemeinsam Bücher und sprecht über die Inhalte. So wird die Lektüre nicht zur einseitigen Berieselung, sondern dein Sohn kann über das Gehörte bzw. Gelesene nachdenken, es verinnerlichen, sich damit auseinandersetzen und dadurch einen persönlichen Bezug zu sich herstellen. Denn alles, was wir auf uns beziehen können, können wir uns wesentlich besser merken. Ihr könnt Geschichten oder Filme beispielsweise auch gemeinsam nachspielen.

- Spielt Logik- oder Strategiespiele, entwickelt ein eigenes Wissens-Memo-Spiel oder ein Quiz zu einem bestimmten Thema.
- Während eines Spaziergangs kann dein Sohn viele Dinge über die Natur lernen, Städtereisen könnt ihr mit geschichtlichem Wissen verknüpfen und im Ausland gemeinsam die fremde Sprache üben.

Auf den ersten Blick erscheint es oft mühsam, die nötige Kreativität aufzubringen, um alternative und spielerische Lernmethoden zu entwickeln. Doch du wirst erleben, wie dein Sohn erheblich mehr Freude an Wissen gewinnt. Darüber hinaus wirst du feststellen, dass auch du so die Freude am Lernen und Lehren, die in der menschlichen Natur liegt, neu für dich entdeckst.

Ewiger Streitpunkt: Süßigkeiten

Vermutlich gibt es keine Familie, in der Eltern und Kinder nicht über Menge und Zeitpunkt des Süßigkeitenverzehrs streiten. Aus eigener Erfahrung weiß ich, dass diese Diskussionen gerne auch schon morgens vor dem Frühstück beginnen – oder unmittelbar danach. In angemessenen Mengen ist bei ausgewogener Ernährung, ausreichend Bewegung und guter Zahnhygiene nichts gegen Zuckerzeug einzuwenden. Allerdings müsst ihr den Blutzuckerspiegel deines Sohnes nicht unmittelbar vor der Kita oder der Schule in die Höhe schnellen lassen. Unter Umständen fällt es ihm dann nämlich schwer stillzusitzen, sich zu konzentrieren und er dreht total auf. Zudem ist in wesentlich mehr Speisen als uns gemeinhin bewusst ist, versteckt Zucker enthalten, so dass Kinder im Laufe des Tages ohnehin schon mehr davon zu sich nehmen als gewünscht. Empfehlungen zum Zuckerkonsum für Kinder gibt zum Beispiel die Deutsche Gesellschaft für Ernährung (DGE).

Klare Regeln gegen endlose Diskussionen

Zu jeder Tageszeit bricht zwischen dir und deinem Sohn ein Süßigkeitenstreit aus. Er möchte: Schokocreme aufs Brot, Kakaopulver in die Milch, Gummibärchen zum Frühstück und nachmittags dann direkt nach der Kita oder Schule zur Eisbude.

Stelle klare Regeln auf. Sie werden euer Leben erleichtern. Das bedeutet zwar leider nicht, dass die Diskussionen von jetzt auf gleich und für immer beendet sind. Jedoch wird es für deinen Sohn leichter, deine Ansagen zu akzeptieren, wenn du in diesem Punkt klar und konsequent bist. Lege beispielsweise fest, dass er am Wochenende morgens Schokocreme auf dem Brot essen kann, bleibe unter der Woche bei Marmelade oder Honig. Ein, zwei Mal die Woche gibt es morgens Kakao, Süßigkeiten gibt es immer erst nachmittags und nachdem dein Sohn ein paar Stücke Obst oder Rohkost gegessen hat. Dann hat er Leitplanken, an denen er sich orientieren kann.

Begründete Ausnahmen sind eine gute Idee

An seinem Geburtstag oder zu Nikolaus, Ostern usw. ist es absolut okay, eine Ausnahme zu machen, wenn ihr ansonsten bei euren Regeln bleibt. Erkläre deinem Sohn, dass zu viel Zucker in vielerlei Hinsicht ungesund für ihn ist, damit er im Rahmen seiner Möglichkeiten begreift, dass du nicht einfach so Verbote aufstellst, sondern dass die Regeln begründet sind.

Ein komplettes Süßigkeitenverbot geht meistens ziemlich nach hinten los. Wenn dein Sohn bei Freunden oder den Großeltern ist, spätestens aber, wenn er über etwas Taschengeld verfügen kann, wird er seinen Zuckerkonsum nachholen und dabei vermutlich ziemlich über die Stränge schlagen.

DAS ENTSPANNT DICH – SPARE ENERGIE

Mach den Druck nicht zu groß – weder für dich noch für deinen Sohn. Das kostet dich nur Nerven und macht Naschereien für dein Kind umso interessanter. Wenn du bewusst darauf achtest, dass dein Sohn nicht zu viel versteckten Zucker zu sich nimmt – beispielsweise in gesüßten Joghurts, in vielen Kinderprodukten, Toastbrot oder eben auch in Fruchtsäften – spricht nichts dagegen, auch Süßigkeiten zu essen. Achte auf die Zuckerangaben bei den Inhaltsstoffen von Produkten und darauf, dass eure Ernährungsbasis stimmt. Dann kannst du dem ganzen Thema wesentlich entspannter entgegenblicken. Vermeide es, mit Süßigkeiten zu belohnen oder zu trösten, um deinen Sohn nicht darauf zu konditionieren. Sucht ist auch im Zusammenhang mit Süßem und Zucker oft ein Thema, das Eltern Angst macht. Jedoch steckt hinter jeder Abhängigkeit ein Motiv: Unerfüllte Bedürfnisse werden mit Ersatzmitteln oder -handlungen befriedigt. Mehr zu den Hintergründen findest du auch im Kapitel „Bildschirmzeiten und Medienkonsum".

Schlechte Stimmung, üble Laune und Wutanfälle

Bevor unsere Söhne mit etwa drei Jahren in die Kita kommen, haben wir meistens schon viele gefühlsintensive Monate der sogenannten Trotz- oder Autonomiephase hinter uns. Trotz ist die Botschaft, die bei uns Eltern ankommt, weil wir den Eindruck haben, die einzigen Botschaften, die unsere Kinder noch von sich geben sind: „Nein!" oder „Ich will aber!". Autonomie, also Eigenständigkeit, die Entdeckung des eigenen Willens und ein Meilenstein in der Formung des Selbst, sind die Errungenschaften, die dein Sohn aus dieser wichtigen Lebensphase Zeit schöpft.

Viel zu oft spukt noch durch elterliche Köpfe, dass es während der kindlichen Gefühlsstürme nur darum geht, den eigenen Willen durchzusetzen. Aus Angst, Egoisten und Soziopathen heranzuziehen, halten wir dagegen – und bemerken dabei oft nicht, dass wir alles nur noch schlimmer machen und Kämpfe austragen, die es gar nicht wert sind, Energie an sie zu verschenken.

Was im Kopf deines Sohnes vor sich geht

Aber was ist da los, wenn sich dein Sohn brüllend im Supermarkt vor das Kühlregal wirft, weil du keinen Joghurt kaufen möchtest, der zu großen Teilen aus Farbstoff und Zucker besteht? Vereinfacht gesagt, hat er tatsächlich einen Aussetzer. Der Teil seines Gehirns, der für Vernunft zuständig ist, ist noch so unreif, dass im Krisenfall sofort die Abteilung übernimmt, die für Emotionen da ist. Seine Affekte sind dann dermaßen stark, dass er keinen Zugriff mehr auf Logik und Vernunft hat, er schwimmt auf der Welle von Wut und Enttäuschung.

Dabei erlebt er diese ohnehin hochenergetischen Gefühle tatsächlich so intensiv, wie er sie nach außen trägt. Er ist schlichtweg nicht mehr zur Impulskontrolle in der Lage, dafür braucht er dich. In monate- und jahrelanger gemeinsamer Arbeit lernt er immer mehr, sich selbst zu verstehen, Frust auszuhalten und wieder einzufangen – theoretisch. Denn wenn dein Sohn in diesen Situation immer und immer Zurechtweisung, Ärger und Strafe erlebt, wird er tendenziell kein gesundes Gefühlsmanagement lernen – ihm fehlen ganz einfach die Werkzeuge dafür. Durch die Begleitung und Regulierung von außen – Verständnis, Beruhigung, Trost – lernt er mit der Zeit, sich selbst zu regulieren.

Wann ist endlich Schluss mit dem Theater?

So gut wie allen Eltern geht es so, dass sie um den dritten Geburtstag ihres Sohnes zumeist unbewusst die Erwartung entwickeln, dass dieser Zinnober nun allmählich ein Ende finden sollte. Der dritte Geburtstag ist ein Zeitpunkt, zu dem oft schon kleine Geschwister da sind Die „Großen“ verlieren zudem immer mehr ihr babyhaftes Aussehen und ihre Tapsigkeit. Es muss doch allmählich mal gut sein mit diesem Theater, denken wir uns. Neurowissenschaftler haben mittlerweile herausgefunden, dass Kinder erst ab dem fünften Lebensjahr beginnen, bewusst mit Gefühlen wie Wut umzugehen. Es dauert bis zum zwölften Lebensjahr, bis sie in der Lage sind, ihr Verhalten in Situationen, die Ärger und Frustration auslösen, eigenständig zu regulieren – also sehr viel länger als wir es erwarten. Selbstverständlich ist dies keine Entwicklung, die sich in einem Sprung vollzieht. Vielmehr verläuft sie in Phasen, in denen dein Sohn immer kompetenter im Umgang mit seinen Gefühlen wird. Doch immer, wenn er müde und erschöpft ist oder sich in einer Entwicklungsphase befindet, wird er in extremeres Verhalten zurückfallen. Er ist dann wieder wesentlich stärker auf deine Unterstützung und Begleitung angewiesen.

DAS STÄRKT EURE BEZIEHUNG – ZEIGE AUTHENTISCH DEINE GEFÜHLE

Achtsam zu erziehen ist kein Weg, der in allen Situationen der leichtere ist. Im Gegenteil: Strenge Methoden zeigen zumindest äußerlich oft schneller die Ergebnisse, die wir uns wünschen. Doch leiden darunter eigentlich immer eure Beziehung und der Selbstwert deines Sohnes. Wenn es dir jedoch gelingt, deine Sorgen und Ängste, dein Sohn bräuchte totale Konsequenz und eine gewisse Härte, gegen Vertrauen in seine Fähigkeiten und guten Eigenschaften einzutauschen, wirst du eine tolle Entdeckung machen: Du wirst ihn in dem Maße als sozial, freundlich und zugewandt erleben, in dem auch er dich und die anderen Mitglieder eurer Familie erlebt. Sollst du deswegen jetzt zu allem „Ja" und „Amen" sagen und nie wieder laut werden? – Nein! Dein Sohn braucht kein Gegenüber, das seine Gefühle und Bedürfnisse unterdrückt, er braucht Vorbilder, die ihm zeigen, wie er gut mit ihnen umgehen kann. Sei authentisch – und dazu gehört nun einmal auch, dass du wütend wirst, Frust zum Ausdruck bringst oder die Geduld verlierst. Es ist kein Drama, wenn du mal laut wirst und deinen Sohn anmotzt – ich kenne keine Eltern, denen es nicht gelegentlich so geht. Aber du kannst deinem Sohn, selbst wenn er noch sehr klein ist, erklären, was in der Situation mit dir los war und was dich aufgebracht hat. Und du solltest keine Angst vor der Größe haben, dich bei deinem Sohn zu entschuldigen, wenn du dich mal im Ton vergriffen hast. Sich entschuldigen und vertragen zu können sind wichtige Kompetenzen für das soziale Miteinander.

Den Umgang mit starken Gefühlen lernen

Es ist nervig, wenn dein Sohn bei jedem Wutanfall oder jeder Enttäuschung laut schreit – keine Frage – aber erstmal ist es das Mittel, das ihm zur Bewältigung seiner Gefühle zur Verfügung steht: Raus damit! Im Laufe seiner Entwicklung kann er von dir und anderen Bezugspersonen lernen, starke Gefühle anders zu kanalisieren. Er kann in ein Kissen hauen, beißen oder schreien, auf den Boden stampfen oder rennen, bis die Wut raus ist. Doch bevor er auf diese Strategien zurückgreifen kann, vergehen viele Jahre und viele Momente des Erklärens. Im Grundschulalter wird er aufgrund seiner Gehirnreife mehr und mehr dazu in der Lage sein, sich selbst zu beruhigen. Diese Entwicklungen sind allerdings sehr individuell, von Kind zu Kind verschieden und stark von Persönlichkeit und Temperament abhängig.

DAS STÄRKT DEINEN SOHN – BEGLEITE IHN DURCH DIE EMOTIONALEN STÜRME

Die starken Gefühle deines Sohnes zu akzeptieren, bedeutet nicht, ihm in diesem Moment alles recht machen zu müssen, Dinge zu ersetzen, die kaputt gegangen oder verschwunden sind, ihm ein drittes Eis zu erlauben oder eine durchgebrochen Banane zu „reparieren". Auch dauerhaft auf Ablenkungsstrategien oder Trost durch Süßigkeiten oder Spielzeug zu setzen, wird ihm langfristig nicht weiterhelfen. Denn dein Sohn hat nur dann die Chance, die Fähigkeit zu entwickeln, mit Frust, Wut, Trauer und Ähnlichem zurechtzukommen, wenn er diese Gefühle durchlebt und lernt, sie auszuhalten. Doch dafür braucht er von Babytagen an und durchs Kleinkindalter hindurch Bezugspersonen, die ihn durch seine emotionalen Stürme hindurch begleiten.

Ärger, Wut, Trauer und Frust sind Gefühle, die vollkommen normal und zum Leben eines jeden Menschen dazugehören – auch zu dem deines Sohnes. Doch warum können wir diese für viele Menschen eher unangenehmen Gefühle bei unseren Kindern so schlecht aushalten? Weil wir oft selbst nicht gelernt haben, sie auszuhalten, zu erleben und gehen zu lassen. Und so geben wir die Bewertungen über Gefühle an unsere Kinder weiter.

Heftige Gefühlsausbrüche und Willensstärke sind jedoch nichts, vor dem Eltern sich bei ihren Kindern fürchten müssen, vor allem nicht, wenn sie klein sind. Sie sind die Basis zur Entwicklung wichtiger Fähigkeiten und Kompetenzen, die sich entwickeln, wenn Kinder gut begleitet werden. Gefühlsstarke Kinder können zu empathischen, kreativen und höchst aufnahmefähigen Menschen heranwachsen, wenn sie einen liebevollen Umgang mit sich und ihren Eigenschaften erleben. In einer Familie, in der sich alle Seiten – auch die Erwachsenen – kompromiss- und kooperationsbereit zeigen, braucht niemand zu befürchten, dass Kinder zu unnachgiebigen Egoisten werden.

**DAS STÄRKT EUREN ALLTAG –
MACH DICH AUCH MAL ZUM AFFEN**

Die Stimmung hat den Nullpunkt erreicht? Mach etwas Albernes, auch wenn es dich Überwindung kostet. Brüll wie ein Affe und hüpf dabei auf und ab, imitiere ein Huhn, gib vor deinem Sohn den Frosch – mit Leib und Seele. Unter Garantie wird er seine schlechte Laune sofort vergessen, ihr lacht gemeinsam und vermutlich wird er nicht widerstehen können, in dein Schauspiel mit einzusteigen. Nach wenigen Minuten wirst du bemerken, dass die Aktion auch an dir nicht spurlos vorübergeht und sich deine Stimmung ebenfalls hebt. Unser Gehirn kann nämlich nicht unterscheiden, ob du dich wirklich vergnügst oder den Spaß erstmal nur vortäuschst – es wird so oder so Glückshormone ausschütten und auch du wirst dich besser fühlen. Du hast noch Zweifel? Versuch mal, eine Minute lang zu hopsen und dich gleichzeitig dabei komplett schlecht zu fühlen – das ist schlichtweg unmöglich. Mit unserem Körper und Bewegungen können wir sehr einfach unsere Stimmung beeinflussen. Außerdem stärkt es eure Beziehung, wenn du deinen Sohn öfter mal mit solchen „Albernheiten" überraschst, und euer Alltag erhält mehr Leichtigkeit.

Geht an die Luft – nicht in die Luft

Wenn nichts mehr geht, geht raus – am besten schon, wenn du bemerkst, dass die Stimmung auf dem absteigenden Ast ist. Denn Schuhe und Jacke anziehen ist mit einem bockenden Kind nicht gerade angenehm und liefert euch noch mehr Konfliktpotenzial. Aber selbst wenn ihr dieses Drama noch hinter euch bringen müsst – draußen wird es mit Sicherheit besser. Ihr bekommt frische Luft, die Sauerstoffsättigung im Blut steigt, der Kreislauf wird angeregt und die Müdigkeit verschwindet. Außerdem ist dein Sohn abgelenkt, weil es draußen immer irgendetwas zu entdecken und zu tun gibt: Baustellen beobachten, im Park nach Vögeln und Eichhörnchen Ausschau halten, auf Bäume klettern oder Fahrradfahren. Du wirst feststellen, dass ihr euch draußen alle entspannt.

Kuschelt euch glücklich

Wenn gerade alles doof ist, kann Körperkontakt helfen, die Stimmung zu retten. Vielleicht muss dein Sohn ein wenig auftanken: Wenn er mit dir kuschelt, schüttet sein Körper Glückshormone aus, die Stimmung stabilisiert sich und er tankt innerlich auf. Wenn er es zulässt, nimm deinen Sohn also fest in den Arm. Macht es euch auf dem Sofa gemütlich, lest gemeinsam ein Buch, hört ein Hörspiel, schaut eine Sendung an oder erzählt euch Geschichten. Kinder lieben es, Dinge aus der Kindheit ihrer Eltern zu erfahren. Ich kann meinen Söhnen immer wieder ausführlich berichten, wie ich als Kind vom Schaukelpferd gefallen, auf eine geöffnete Kommodenschublade gestürzt und mir eine Verletzung unter der Unterlippe zugezogen habe – sie bekommen nie genug von dieser oder anderen Episoden. Natürlich bestaunen sie dabei ausgiebig die Narbe, die ich davongetragen habe. Oft erzähle ich ihnen auch von der Zeit, in der sie noch kleiner waren und wir schauen uns gemeinsam Fotoalben an.

Dein Sohn kann schon lesen? Vielleicht möchte er selbst ein Buch lesen, während du in einer Zeitschrift blätterst. Diese gemeinsame Pause ist auch für dich eine Möglichkeit, zu entspannen, die Füße hochzulegen und einen Moment Kraft zu tanken.

Malt mal was

Manchmal wünschen sich meine Söhne, dass ich gemeinsam mit ihnen Ausmalbilder male. Anfangs habe ich dann innerlich oft die Augen verdreht, weil dazu wirklich keine Lust hatte. Dann habe ich begriffen, dass es ihnen darauf ankommt, es gemeinsam mit mir zu tun, dass sie diese Zeit genießen und durch meine Unterstützung Kraft tanken. Seitdem malen wir oft zusammen, auch um uns zu entspannen.

Beim Malen haben unsere Hände etwas zu tun und der Geist kann sich entspannen, Gedanken beginnen zu fließen und innerlich lassen wir los. Besonders gut funktioniert das beim Ausmalen von Mandalas. Es gibt viele Bücher mit Kopiervorlagen, Hefte aus der Bücherei oder kostenlose Vordrucke im Internet. Auch für kleinere Kinder gibt es schon einfache Mandalas, die sie ausmalen können. Wenn die Striche über die Linien gehen – wen stört es? Hauptsache, es macht Spaß und entspannt. Im Buddhismus sind Mandalas Meditationsobjekte und du wirst feststellen, dass sie auch dich und deinen Sohn zur Ruhe bringen.

EXTRA-TIPP: NATUR-MANDALA LEGEN

Ihr möchtet frische Luft, Natur und aktive Entspannung miteinander verbinden? Geh mit deinem Sohn raus in den Wald und sammelt Material für ein Natur-Mandala. Stöcke, Moos, Kastanien, Tannenzapfen, Blätter, schöne Steine, Blumen – verwendet dafür, was immer euch gefällt und legt später auf einer ebenen Fläche ein kreisrundes Muster daraus. Beginnt in der Mitte und lasst die Form daraus wachsen. Das macht nicht nur Spaß und entspannt. Dein Sohn lernt damit auch spielerisch mit allen Sinnen kennen, was die Natur zu welcher Jahreszeit zur Verfügung stellt. Nehmt euch Zeit, eure Fundstücke genau anzuschauen, zu ertasten und ihren Geruch zu erforschen. Du wirst erleben, dass auch du die Natur noch einmal viel intensiver und von einer anderen Seite kennenlernst. Achte darauf, wirklich nur Fundstücke zu verwenden und nicht willkürlich Pflanzen dafür zu pflücken. Wenn ihr möchtet, fotografiert euer Werk am Ende. So kann langfristig eine schöne Sammlung für ein Fotoalbum oder ähnliches entstehen.

„Hilfe, ich bin eine Motzmama!"

Kennst du diese Situation? Eine andere Mama erzählt ganz offen, dass ihre Geduld irgendwann zu Ende war und sie laut geworden ist. Dich durchströmen in diesem Augenblick zwei Gefühle: Erleichterung darüber, dass es anderen auch so geht, und Dankbarkeit für die Ehrlichkeit der Frau, die vor dir steht.

Immer noch spuken perfektionistische Vorstellungen dauerhaft engelsgeduldiger Mütter durch unsere Köpfe. Hohe Erwartungen und Maßstäbe sorgen dafür, dass wir uns schlecht fühlen, sobald wir die Messlatte, die wir in unserem Inneren so hoch gelegt haben, nicht erreichen. Versagens- und Schuldgefühle sind vorprogrammiert. Obschon Menschen heute schon wesentlich offener von ihrem Familienleben, von ihrem Scheitern und ihren Krisen berichten als früher, braucht es offenbar doch immer noch oft einen Mutigen, der den ersten Schritt wagt und ehrlich erzählt, wie schwierig und anstrengend das Leben mit Kindern oft ist. Zu oft wird noch die Fassade eines dauerhaft harmonischen Zusammenlebens aufrechterhalten, weil die Erwartungen – insbesondere an Mütter – so hoch sind.

Doch Konflikte und Missstimmungen gehören zu jedem Leben dazu. Auch deine Kraft und deine Geduld sind endlich, und wenn mir eine Mutter erzählt, dass sie niemals laut wird oder die Fassung verliert, macht mich das sehr misstrauisch. Wir wollen unseren Kindern vorleben, dass alle Gefühle sein dürfen, haben aber oft große Schwierigkeiten, Verständnis und Mitgefühl für uns selbst aufzubringen.

Verzeih dir solche Situationen, wir alle erleben sie. Je mehr wir uns dafür verurteilen und versuchen, sie zu unterdrücken und nicht geschehen zu lassen, desto größer wird der Ballast, den wir mit uns herumschleppen und dadurch unsere Anspannung. Niemand ist perfekt, morgen ist ein neuer Tag!

DAS ENTSPANNT DICH – SPRICH ÜBER DEINE GEFÜHLE UND ENTSCHULDIGE DICH

Du motzt mal rum, vergreifst dich im Ton, schreist deinen Sohn vielleicht sogar an – das fühlt sich nicht gut an, für niemanden. Und doch ist es vollkommen normal und auch kein Beinbruch, wenn Anspannung und Konflikte kein Dauerthema sind. Sprich mit deinem Sohn über deine Gefühle und was gerade geschehen ist. Entschuldige dich und sag, dass es dir leid tut, dass du geschimpft hast – dafür musst du nicht den Grund für deine Wut leugnen. Viel wichtiger als dauerhafte Harmonie ist, zu seinen Gefühlen zu stehen, aufeinander zuzugehen, sich zu entschuldigen und zu vertragen. Und genau das lernt dein Sohn in solchen Momenten.

Streiten, Hauen, Treten

Aggressives Verhalten der eigenen Kinder ist ein Thema, mit dem sich alle Eltern früher oder später einmal auseinandersetzen müssen. Bei vielen beginnt es schon im Kleinkindalter, wenn der Sprössling in der Krabbelgruppe beginnt, an den Armen und Beinen anderer Zwerge Bissspuren zu hinterlassen, auf dem Spielplatz die Schüppe auf dem Kopf eines anderen Kindes anstatt im Sand landet oder wenn Geschwisterkinder oder Elternteile getreten und gehauen werden. Bei den einen schrillen die Alarmglocken früher, bei den anderen später. Doch meist taucht irgendwann die große Sorge auf, der eigene Sohn können tatsächlich zu Aggressionen neigen und kein gesellschaftlich akzeptiertes Verhalten entwickeln, wenn er nicht von klein auf lernt, dass Hauen und Beißen „böse" ist.

Dein Sohn haut und beißt

Nun müssen wir zunächst einige Fälle von aggressivem Verhalten – oder solchem, das wir dafür halten – voneinander unterscheiden. Sogar Babys zeigen bereits Verhaltensweisen, die wir schnell als aggressiv interpretieren: Sie zwicken ihre Mütter beim Stillen in die Brust oder beißen den Vater plötzlich in die Schulter. In diesem Alter ist das ein bloßes Ausprobieren oder auch das Kompensieren starker Gefühle – dies können auch Freude oder Liebe sein, im Überschwang weiß das Kind nicht wohin mit sich und beißt zu. Die natürliche Reaktion der Eltern, „Aua!" zu rufen und das Kind ein wenig von sich fernzuhalten reicht meistens schon aus, um das Verhalten zu regulieren. Wiederholt sich das Beißen können Eltern darauf immer wieder bestimmt, aber freundlich und liebevoll reagieren.

Vielleicht hat dein Sohn im Kleinkindalter auch manchmal wie aus heiterem Himmel gleichaltrige Kinder gebissen. Verständlicherweise ist das unangenehm vor anderen Eltern. Beißen und Hauen kann bei sehr kleinen Kindern aber tatsächlich auch eine Form der Kontaktaufnahme sein, so lange diese noch nicht richtig sprechen können. Das bedeutet nicht, dass du deinen Sohn dies ohne einzugreifen tun lassen sollten, aber es hilft, dieses Verhalten zu verstehen und schützt vor der Angst, dass sich bereits jetzt ein Mangel sozialer Fähigkeiten abzeichnen könnte.

Aggressionen gehören zu jedem Menschen dazu. Ohne die Fähigkeit zur Aggression wären wir nicht in der Lage, gesteckte Ziele zu erreichen und zu existieren. Sie sind kein von Grund auf zu verurteilender Missstand, sondern zunächst einmal die Fähigkeit, sich Ressourcen anzueignen und gefährliche Situationen zu bewältigen. Die Frage ist, wie wir im Laufe unseres Heranwachsens lernen, mit aggressiven Impulsen umzugehen und ob sie in bestimmten Phasen oder Situationen zum Ausdrucksmittel seelischen Schmerzes oder zum bevorzugtem Reaktionsmuster werden.

Alle Kinder hauen mal

Fakt ist, dass das Gehirn von kleinen Kindern noch nicht so weit entwickelt ist, dass sie in der Lage sind, ihre Impulse und Affekte zu kontrollieren. Wenn dein Sohn im Kleinkindalter wütend ist, wird er sehr wahrscheinlich hauen, treten und beißen, wenn er unter Stress gerät, weil er sich ärgert, ihm ein anderes Kind etwas weggenommen hat oder ein Spielzeug verweigert.

Mit der Zeit wächst die Fähigkeit, Impulse zu kontrollieren, Gefühle anders zum Ausdruck zu bringen und Konflikte nicht mehr körperlich zu lösen – wenn Kinder entsprechende Vorbilder und Begleitung haben. Mit Sicherheit hast auch du schon Erwachsene erlebt, die dazu nicht in der Lage sind.

Körperliches Ausagieren von Konflikten verliert sich in dem Maße, in dem dein Sohn lernt, sich sprachlich auszudrücken und mit der voranschreitenden Reife seines Gehirns. Eine gute Impulskontrolle erlernt er, indem sein Verhalten nicht abgestraft und damit unterdrückt wird – auch wenn dieses Vorgehen mit Sicherheit eine schnellere Verhaltensänderung bewirkt, weil alle Kinder um die Liebe und die Annahme ihrer Eltern bemüht sind, sie sichert ihr Überleben. Strafe und Liebesentzug sind demnach effiziente Mittel, um Kinder zu angepassten Verhalten zu bringen, doch bleiben sie nicht ohne Folgen für die seelische Entwicklung.

Umgang mit aggressivem Verhalten

Sollst du aggressives Verhalten bei deinem Sohn nun also dulden? Nein, keineswegs. Die Frage ist nur, wie du darauf reagierst. Selbstverständlich ist es wichtig einzugreifen, bevor Kinder ernsthaft verletzt werden oder Gegenstände zu Bruch gehen, und auch du musst dich nicht von deinem Sohn hauen oder beißen lassen und es mit einem Lächeln hinnehmen. Allerdings bleibt zu klären, warum dein Sohn haut, beißt, tritt oder spuckt.

Bis zum dritten oder vierten Geburtstag gehört diese Bandbreite zu seinem normalen, entwicklungsbedingten Verhaltensrepertoire und es ist gut zu beobachten, dass es in Stress- oder Konfliktsituationen schlicht und einfach mit ihm durchgeht. Dahinter stecken Ärger und Wut. Benennen kann dein Sohn das allerdings noch nicht, dafür braucht er dich.

DAS STÄRKT DEINEN SOHN – SPIEGEL IHM SEINE GEFÜHLE

Dein Sohn steckt gerade mitten im Wut-Tunnel? Jetzt nutzt es nichts, an seine Vernunft zu appellieren, denn der Teil des Gehirns, der für rationales Denken zuständig ist, ist gerade ausgeschaltet. Je jünger dein Sohn ist, desto schwieriger oder sogar unmöglicher ist es, so zu ihm durchzudringen. Was braucht dein Sohn jetzt? Wenn er es zulässt, stelle Körperkontakt her, das beruhigt. Wenn er das nicht duldet, bleib trotzdem bei ihm, begib dich auf Augenhöhe und spiegele ihm liebevoll, was du wahrnimmst: „Du bist gerade ganz schön, wütend. Ich sehe, wie sehr dich das aufwühlt."

Dass du seine Gefühle wahrnimmst und benennst, wird deinen Sohn herunterfahren. Wenn dein Sohn noch jünger ist, wirst du ihm seine Gefühle sehr oft hintereinander spiegeln müssen. Hilfreich ist, wenn du dabei auch in einem ähnlichem Tonfall sprichst wie er gerade, nur etwas leiser – allerdings ohne es ins Lächerliche zu ziehen. Das ist anfangs vielleicht etwas seltsam für dich, kommt beim Kind aber an, weil es sich gesehen und verstanden fühlt, und darum geht es jetzt erst einmal: Es braucht einen Erwachsenen, der die starken Gefühle nennt, die es gerade erlebt. Es geht nicht darum, sofort eine Lösung oder eine Verhaltensänderung zu bewirken, sondern um Begleitung durch diesen Sturm.

Wenn sich die Gefühle beruhigt haben, sprich mit deinem Sohn. Sag ihm, dass sein Ärger in Ordnung ist, dass es aber andere Wege gibt, ihn zu äußern: zu brüllen „Ich bin wütend!", auf den Boden zu stampfen oder in ein Kissen zu hauen etwa. Im Laufe der Zeit wird dein Sohn immer mehr auf andere Methoden der Konfliktbewältigung zurückgreifen. Das wird seine Zeit dauern, weil die Nervenbahnen im Gehirn, die für dieses Verhalten benötigt werden, wie Trampelpfade viele, viele Male benutzt werden müssen, bis sie zu ausgetretenen Wegen oder Straßen werden, die automatisch genutzt werden.

Ihr könnt auch gemeinsam üben, ein besseres Gefühl dafür zu entwickeln, wie es sich anfühlt, wenn die Wut im Körper hochsteigt. Wo kann dein Sohn sie spüren? Wie fühlt sie sich an, wenn er noch handlungsfähig ist und den Raum verlassen kann? Hilf deinem Sohn dabei, in sich hineinzuspüren und zu lernen, früh genug zu reagieren und aus der Situation herauszugehen.

DAS STÄRKT EUREN ALLTAG – HÖRE ZUERST EINMAL ZU

Oft sind wir versucht, sofort loszuschimpfen, wenn es augenscheinlich einen Konflikt zwischen Kindern gegeben hat oder sich unsere Söhne vermeintlich nicht richtig verhalten haben. Dabei übersehen wir manchmal die eigentlichen Beweggründe. Meine Söhne lagen eines Tages total miteinander im Clinch, weil der eine den geliebten Schnuller des anderen abgeschnitten hatte. Ich war empört und schon drauf und dran richtig zu schimpfen. Aber ich habe erstmal ruhig nachgefragt; „Warum hast du das gemacht?" – „Weil er gesagt hat, versuch es doch!" Mein Sohn hat mit seinen vier Jahren lediglich getan, wozu sein Bruder ihn aufgefordert hatte. Dass der Satz eine Provokation war, hat er einfach nicht erkannt. In der Regel lohnt es sich immer, unsere Kinder nach den Motiven für ihr Verhalten zu fragen, bevor wir es nach unseren Maßstäben bewerten. Das schafft Verständnis und Nähe.

Warum eine Auszeit deinem Sohn nicht guttut

Warum funktioniert es so gut, wenn wir unseren aufgewühlten Söhnen Auszeiten verpassen und sie mit ihren starken Gefühlen allein in ihr Zimmer stecken? Warum macht sie das so schnell „brav“ und gefügig? Weil hier eine menschliche Urangst berührt wird: Deinem Sohn ist nichts wichtiger, als angenommen zu werden – es sichert sein Überleben. Soziale Ausgrenzung ist für alle Menschen das Schlimmste, insbesondere für Kinder, so dass dein Sohn alle Kraft aufbringen wird, um sich zusammenzureißen und wieder zu „funktionieren“, so wie es erwünscht ist. Über sein Verhalten nachgedacht und ein Bewusstsein für den Ablauf der Situation entwickelt hat er dadurch allerdings nicht. Dazu ist er zumindest im Kita- und Vorschulalter kognitiv nicht in der Lage. Unter solchen Methoden leiden allerdings immer der Selbstwert deines Sohnes und sein Vertrauen in eure Beziehung.

DAS ENTSPANNT DICH – ERKENNE DEINE TRIGGER

Du bist durch das Verhalten deines Sohnes so aufgewühlt, dass du kurz vorm Explodieren bist? Psychologen sprechen in diesem Zusammenhang auch von sogenannten Triggern: Das Verhalten eines anderen Menschen berührt einen wunden Punkt in uns unbewusst so sehr, dass wir in extreme Aufruhr geraten. Kinder sind wahre Meister darin, uns zu triggern, weil sie so feine Antennen haben und uns spiegeln. Das ist erstmal unangenehm, doch es gibt durch diese Situationen sehr viel über uns selbst zu lernen und eigene Verletzungen zu heilen. In der Regel triggert uns Verhalten, das bei uns selbst durch unsere eigene Erziehung mit Verboten und unangenehmen Erfahrungen besetzt ist. Wenn du nie laut wüten durftest, weil deine Eltern das unangemessen fanden, wirst du es vermutlich bei deinem Sohn kaum ertragen können. Wenn dir das allerdings bewusst wird und es dir so gelingt, diesen alten Schmerz loszulassen, kannst du dich innerlich weiterentwickeln. Meistens hat es weniger mit dem Verhalten deines Sohnes zu tun, als vielmehr mit deinen eigenen Themen, warum dich sein Verhalten so auf die Palme bringt. Wenn du diese erkennst, kann dir das viel Entspannung im Familienalltag bringen und Beziehungen wachsen lassen.

Dein Sohn haut und tritt dich gezielt

Auch gefühlsstarke Vier- oder Fünfjährige trommeln bei starker Wut zuweilen noch mit ihren Fäusten auf ihre Eltern ein – das ist unangenehm, aber normal. Und es heißt nicht, dass du das einfach so hinnehmen musst. Du kannst dich dann ein Stück von deinem Sohn entfernen – ohne gleich den Raum verlassen zu müssen. Wenn du aber merkst, dass dich sein Verhalten gerade so aufwühlt, dass du kaum noch an dich halten kannst, ist es immer besser, die Situation kurz zu verlassen und aus dem Zimmer gehen, um deine Gefühle rauszulassen. – Auch Mütter dürfen in Kissen schreien und boxen.

Doch was ist, wenn dein Sohn außerhalb von extremen Affektsituationen nach dir schlägt und tritt? Viele Kinder im Vor- und Grundschulalter können ihre zwar ihre Gefühle schon ganz gut benennen. Sie sind allerdings noch nicht in der Lage, tiefere Hintergründe oder

Konflikte zu erkennen und zum Ausdruck zu bringen. Wenn Kinder scheinbar immer wieder provozieren und zu aggressivem Verhalten neigen, ist es wichtig genau hinzugucken, was in der Familie und den Beziehungen gerade los ist.

Ich weiß, dass dies kein leichtes Thema ist, weil insbesondere Mütter sich heutzutage für viel zu viele Dinge verantwortlich fühlen – verantwortlich im negativen Sinne, weil es oft mit Schuldgefühlen einhergeht. Wenn wir allerdings Schuld mit Verantwortung verwechseln, was in unserer Gesellschaft eigentlich regelmäßig passiert, machen wir verständlicherweise dicht und mauern. Das englische Wort für Verantwortung, „Responsibility“, kann da hilfreich sein. Darin steckt das Verb „respond“ – antworten. Wie antworte ich also auf die Situationen, die sich mir im Leben eröffnen? Wie gehe ich damit um? Dieses Gedankenspiel nimmt Schuldzuweisungen heraus und eröffnet Handlungsspielraum.

Wenn dein Sohn unerklärlich aggressives Verhalten zeigt, ist das eine Botschaft: „Es geht mir nicht gut, ich brauche Hilfe.“ Dann liegt es in der Verantwortung der Erwachsenen, hinzuschauen, was dahinter steckt, denn erst einmal möchte dein Sohn durch sein Verhalten nur darauf aufmerksam machen, dass ihn irgendetwas quält, anders kann er es noch nicht tun. Steckt die Familie gerade in einer stressigen Phase? Fühlt sich dein Sohn nicht gesehen? Gibt es Konflikte zwischen dir und deinem Partner oder vielleicht seit kurzem ein kleines Geschwisterchen? Hat dein Sohn Streit mit einem Lehrer oder einem Freund, den er in eurer sicheren Beziehung kompensiert?

Wenn wir aufhören, aggressives Verhalten bei unseren Söhnen von Grund auf zu verurteilen und abzustrafen, sondern erst einmal als Symptom oder Hinweis für eine Störung im Umfeld anzusehen und zu forschen beginnen, haben wir wesentlich mehr Lösungspotenzial. In der Regel sind nie die Kinder das Problem, sie zeigen lediglich das Symptom, weil sie es anders nicht artikulieren können.

DAS ENTSPANNT DICH – GEHE FÜRSORGLICH MIT DIR UM

Wie sieht dein Notfall-Programm in Stresssituationen aus? Wir alle neigen dazu, Hinweise unseres Körpers darauf, dass wir gleich explodieren, zu übergehen und viel zu lange in der Situation zu bleiben – so lange, bis es kaum noch ein Zurück gibt und uns der Kragen platzt. Versuche darauf zu achten, wann die Wut in dir hochsteigt und so früh wie möglich darauf achtsam und fürsorglich zu reagieren. Achte auf deine Atmung: Geht sie tief genug oder atmest du flach? Hast du genug getrunken oder brauchst du einen Schluck Wasser? Oftmals sorgen wir viel zu spät für uns und versäumen, uns runterzufahren oder kurz den Raum zu verlassen, wenn wir dazu eigentlich noch in der Lage wären. Mama sein und starke Jungen ins Leben zu begleiten ist oft herausfordernd und anstrengend – umso wichtiger ist es, dass du gut für dich sorgst und liebevoll und sanft zu dir selbst bist.

Konflikte in Familien und Beziehungen sind normal, sie gehören zum Leben dazu. Du hast als Mutter nicht versagt, wenn mal alles nicht komplett rund läuft. Sieh es als Chance, Probleme zu lösen und daran zu wachsen. Niemand ist perfekt und wir alle dürfen Fehler machen, denn nur daraus können wir lernen.

Streit mit Geschwistern und besten Freunden

Streit unter Kindern ist vollkommen normal – ganz egal, ob dein Sohn sich mit Freunden zofft oder ob er noch Geschwister hat, mit denen er sich in den Haaren liegt. Es kann verschiedene Ursachen geben, warum dein Sohn in Konflikte verwickelt ist. Anstrengend ist es für Eltern immer dann, wenn sich die Streitereien häufen und es permanent laut zugeht.

Letzteres ist in der Regel einer der Hauptgründe, warum uns der Streit unserer Kinder so nervt: die Lautstärke und die Tatsache, dass wir in irgendeiner Art und Weise gefordert sind. Schnell geraten wir in eine Dauerschleife aus Ermahnungen, Schimpfen und Genervtheit, ohne wirklich zu einer Besserung zu gelangen.

Können wir selbst Streit aushalten?

Insbesondere der Streit unter Geschwistern ist für uns Eltern oft deswegen so schwierig, weil er uns an unsere eigene Kindheit erinnert. Da kommen Erlebnisse und Gefühle hoch, die wir selbst mit unseren Brüdern, Schwestern oder Freunden erlebt haben und wie die Erwachsenen damit umgegangen sind. Außerdem wünschen wir uns, dass unsere Kinder einander lieben und gute Beziehungen zueinander aufbauen, die sie ein Leben lang begleiten. In der Regel gelingt dies auch, wenn Kinder eine gute Streitkultur entwickeln – dabei brauchen sie unsere Unterstützung.

Wenn Kinder – insbesondere Geschwister – sich anscheinend permanent streiten, kann das unterschiedliche Ursachen haben. Oft bewegen sie sich einfach auf dem ganz natürlichen Übungsplatz für Konflikte, der Familie. Wenn wir diese Konflikte schlecht aushalten können, lohnt es sich auch immer, einmal einen Blick auf die eigene Erziehung zu werfen.

EXTRA-TIPP: DIE EIGENE STREITKULTUR REFLEKTIEREN !

Wann immer uns kindliches Verhalten total piesackt und innerlich auf die Palme bringt, können wir das als Einladung betrachten, einmal in uns hineinzugucken und zu ergründen, warum uns gerade dieser Punkt so sehr bewegt. Wie haben wir Streiten selbst in unserer Ursprungsfamilie erlebt? Wurde offen und konstruktiv gestritten und sich hinterher wieder vertragen oder war Streit ein Tabuthema? Viele Erwachsene erinnern sich kaum an die Streitkultur der eigenen Eltern, weil diese oft im Verborgenen stattgefunden hat. Scheinbar gab es keine Konflikte oder sie wurden tatsächlich nicht offen ausgetragen. Häufig wurden Streitereien auch bestraft, ignoriert oder die Eltern waren bestrebt, diese immer und immer wieder zu vermeiden – wodurch ebenfalls der Eindruck entsteht, dass Konflikte per se eine negative Angelegenheit sind. Unbewusst setzen wir sehr wahrscheinlich die eigenen erlernten Konfliktstrategien in unserer Familie fort.

Zunächst einmal: Wo unterschiedliche Bedürfnisse und Interessen aufeinander stoßen, sind Konflikte immer vorprogrammiert – und in einer Familie gibt es durch unterschiedliche Individuen automatische auch verschiedene Bedürfnisse. Wenn wir konstruktiv streiten, gemeinsame Lösungen finden und daran wachsen, sind Konflikte nichts, worüber wir uns Sorgen machen müssen.

Das passiert, wenn du Streit unterbindest

Wenn du Streitigkeiten unter Geschwistern oder Freunden immer wieder unterbindest und zu vermeiden versuchst, nimmst du ihnen dadurch eine Möglichkeit, Sozialverhalten zu entwickeln. Vermeidungsstrategien sind beispielsweise, bestimmte Verhaltensweisen zu ignorieren, weil du Angst hast, dass die Kinder sie verstärken, wenn sie dafür Aufmerksamkeit bekommen. Es kann zwar hin und wieder hilfreich sein, die Kontrahenten räumlich zu trennen, dauerhaft hilft es den Kindern in der Entwicklung einer gesunden Konfliktfähigkeit allerdings nicht weiter. All diese Versuche sind hochgradig anstrengend und führen, wie du vielleicht schon festgestellt hast, eher dazu, die Konflikte zu verstärken oder zu verlagern. Wenn du Kinder ihre Streitereien nicht austragen lässt, wird es vermutlich kurze Zeit später umso stärker krachen. Doch was tun mit kleinen Streithähnen? Du solltest die Kinder streiten lassen, sie aber dabei begleiten. Das bedeutet nicht, dass du ständig eingreifst, ihre Konflikte für sie löst, schlichtest und Schuldige bestimmst. Den oder die Schuldige gibt es zumeist sowieso nicht, ihn zu ergründen ist müßig bis unmöglich und in der Regel werden sich alle Beteiligten irgendwo als Opfer fühlen und Zuwendung brauchen.

Dein Sohn muss die Erfahrung machen, wie sein Gegenüber reagiert, wenn er ihm den Ball wegnimmt oder wenn er keinen seiner Kekse abgibt. Er muss erleben, dass andere Menschen betroffen oder wütend werden, damit er diese – voraussichtlich unangenehme – Erfahrung verinnerlichen kann, um es irgendwann anders zu halten.

Oft greifen wir Eltern aber vorschnell ein, weil wir anderen Kindern den Kummer ersparen möchten oder weil es uns peinlich ist, wenn unser Sohn wie ein kleiner Raffzahn daherkommt, der nicht teilt. Doch so sind kleine Kinder nun einmal von Natur aus. Sie sind evolutionär noch nah an der Steinzeit und erst einmal auf ihre eigenen Bedürfnisse ausgerichtet. Vor dem vierten Geburtstag ist dein Sohn ohnehin nicht in der Lage, sich in sein Gegenüber und dessen Bedürfnisse hineinzuversetzen. Deswegen wird er nicht begreifen, was eine Entschuldigung bedeutet und Teilen wird er vermutlich oftmals einfach nicht wollen. Wenn du nun ständig einforderst, dass dein Sohn teilt und sich vertragen soll, fördert das seine innere Bereitschaft dazu in keinster Weise, im Gegenteil. Diese wird kommen, wenn er die Konsequenzen seines Verhaltens erlebt.

Es bedeutet aber auch nicht, dass du wegsiehst. Insbesondere nicht, wenn die Gefahr besteht, dass sich die Kinder gegenseitig Schmerzen zufügen, jemand beleidigt oder seelisch verletzt wird. Dass insbesondere kleine Kinder allerdings handgreiflich werden, ist vollkommen normal, da ihnen noch Fähigkeiten zur Impulskontrolle, Äußerungsmöglichkeiten und andere Bewältigungsstrategien fehlen.

Begleite Konflikte konstruktiv

Wenn dein Sohn und ein anderes Kind sich streiten und du Verletzungen verhindern musst, begib dich zwischen die beiden Kontrahenten, trenne sie und begib dich auf Augenhöhe. Manchmal müssen beide Kinder erst einmal getröstet und in den Arm genommen werden, weil sie sehr aufgebracht sind. Wenn einer der beiden nicht aufhört zu hauen oder zu treten, kannst du ihn auf den Arm nehmen, wenn er das zulässt. Oder du nimmst das andere Kind auf den Arm, bis sich der Kontrahent ein wenig beruhigt hat.

Sprecht über den Streit. Fasst in Worte, was los ist, wer sich warum über wen ärgert – dabei geht es nicht um Recht und Unrecht, sondern darum, Verständnis zu vermitteln. Versuche nach Möglichkeit nicht zu schimpfen, auch wenn dein Sohn gehauen hat oder ähnliches – ich weiß, dass das nicht immer gelingt. Meist reicht deine erschrockene Reaktion als Rückmeldung für dein Kind aus, um abzuspeichern, dass sein Verhalten zu heftig war.

Wenn sich die Kinder ein bisschen beruhigt haben, gib ihnen die Gelegenheit, selbst eine Lösung zu finden, mit der es beiden gut geht. Denn nur so können sie wirklich daraus lernen. Das klappt auch schon mit Dreieinhalb- oder Vierjährigen erstaunlich gut, wenn man sie lässt. Manchmal sehen diese Lösungen anders aus als wir sie uns vorstellen, aber wenn beide damit einverstanden sind, ist es sinnvoll, es dabei zu belassen.

DAS ENTSPANNT DICH – AKZEPTIERE GESCHWISTERSTREIT

Je enger der Altersabstand zwischen Geschwister ist, desto höher ist das Konfliktpotenzial, weil es stets um die Verteilung von Ressourcen geht. Die wichtigste davon ist die elterliche Aufmerksamkeit. Außerdem streiten gleichgeschlechtliche Geschwister in der Regel mehr als verschiedengeschlechtliche. Dieses Wissen kann dir in starken Streitphasen helfen, die Situation zu akzeptieren: Es ist zwar anstrengend, aber vollkommen normal.

Elterliche Aufmerksamkeit ist gefragt

Wenn Geschwister sich übermäßig viel streiten und dein Sohn dich schier auf die Palme bringt, weil er den Großteil dieser Zwiste beginnt, lohnt es sich, einmal genau hinzuschauen, ob er in irgendeiner Hinsicht deine Aufmerksamkeit benötigt. Ich weiß, es ist auch heute noch total verpönt, „schlechtes Benehmen“ mit Aufmerksamkeit zu belohnen. Doch die Befürchtung, das Verhalten damit zu bestätigen und zu bestärken ist unnötig. Kindern – und selbst den meisten Erwachsenen – sind ihre wahren Bedürfnisse oft nicht bewusst. So wird dein Sohn kaum in der Lage sein zu sagen, dass er etwas mehr Zeit mit dir allein braucht, denn er wird es noch nicht einmal so differenziert wahrnehmen. Er spürt nur, dass es ihm nicht gut geht. Die effektivsten Mittel, um Eltern aufmerksam zu machen, sind Provokation und Reibereien, die letztlich helfen können, innere Anspannung zu entladen. Dass Geschwister um die Liebe der Eltern konkurrieren, ist zunächst einmal vollkommen normal und du darfst die Art und Weise deiner Kinder, darauf aufmerksam zu machen, vielleicht sogar etwas wohlwollender betrachten – auch wenn Streitereien anstrengend und unbequem sind, doch sind sie ein Signal.

Die Probleme großer Brüder

Vielleicht ist dein Sohn erst vor kurzer Zeit großer Bruder geworden. Für viele Kinder ist das tatsächlich ein Schock und sie brauchen eine Zeit des Verständnisses und der liebevollen Begleitung der Eltern, um zu verarbeiten, dass sie die elterliche Liebe fortan teilen müssen. Wenn dein Sohn die Ankunft seines Geschwisterchens nicht richtig verkraftet hat, kann sich die Abneigung auch lange Zeit später zeigen.

Möglicherweise ist er aber auch schon längere Zeit großer Bruder, der zu viel Verantwortung für ein Geschwisterkind übernehmen muss und oft hört: „Du bist aber der Große“ oder „Du musste deinen Bruder/deine Schwester mitspielen lassen, er/sie ist noch so klein“.

Selbstverständlich kann es Kinder auch stolz machen und wachsen lassen, wenn sie Verantwortung für kleinere Geschwister übernehmen. Doch das sollte immer freiwillig geschehen und nicht von den Eltern aufgedrückt werden. Dies kann Geschwisterbeziehungen wirklich nachhaltig negativ beeinflussen. Denn Hand aufs Herz: Natürlich können kleinere Geschwister total nerven. Sie hängen an Mama oder Papa, machen Bauwerke kaputt und lutschen Bücher an. Dass man sie nicht immer dabeihaben möchte, ist doch aus kindlicher Sicht vollkommen nachvollziehbar. Schaffen wir den älteren Kindern genug Freiraum und Zeit mit Mama und Papa, wird die gute Geschwisterbeziehungen auf viel fruchtbareren Boden treffen.

! EXTRA-TIPP: NICHT ALLES WÖRTLICH NEHMEN

Wütende und enttäuschte Kinder äußern oft ziemlich fiese Dinge: Das Geschwisterchen soll weg, Mama soll ausziehen, der Wunsch, dem anderen körperliche Schmerzen zuzufügen wird oft in drastische Worte gekleidet. Natürlich schockt und schmerzt uns das als Eltern erst einmal. Doch dürfen wir diesen Worten nicht die Bedeutung beimessen, wie wir es vielleicht bei einem Erwachsenen tun würden. Dein Sohn fühlt sich jetzt gerade total wütend und hilflos. Diese Gefühle müssen irgendwo hin. Also ist es eigentlich schon ziemlich klug, total gemeine Dinge zu sagen, um sich Luft zu machen. Zudem wird er vieles von dem, was er in seiner Wut äußert, gar nicht komplett erfassen können. Einer meiner Söhne sagte mit knapp vier Jahren oft, dass er mich gleich aus dem Fenster werfen werde, wenn er total sauer auf mich war. Ich habe versucht, es nicht persönlich zu nehmen, sondern lediglich als Hinweis darauf, dass er gerade echt ziemlich außer sich ist.

Bei leeren Akkus fliegen die Fetzen

Es muss aber auch nicht unbedingt eine mittlere Krise anstehen, wenn es zwischen Geschwistern kracht. Vielleicht hat das Ganze auch eine ziemliche simple körperliche Ursache. Unsere Söhne beispielsweise haben an vielen Nachmittagen nach der Kita eine Phase, in der sie sich nur in den Haaren liegen. Es ist beinahe so, dass sie sich geradewegs aneinander abarbeiten, um Dampf abzulassen. Sie sind dann müde, hatten einen langen Vormittag ohne mich und müssen bei der Abholung auch noch um meine Aufmerksamkeit konkurrieren.

Natürlich gelingt es mir nicht immer, gleich gut auf beide einzugehen oder vollkommen präsent zu sein. Dann kompensieren sie die innere Anspannung mit einem ordentlichen Krach, den ich auch nicht unterbinden oder ablenken kann. Wenn ich ihre Streitigkeiten zulasse, klärt sich die Stimmung meistens innerhalb kürzester Zeit auf und sie spielen danach einträchtig den Rest des Nachmittags miteinander.

Doch nicht nur Müdigkeit kann ein Grund für kindliche Konfliktbereitschaft sein. Auch Hunger und Durst oder ein Mangel an Bewegung und frischer Luft kann deinen Sohn in einen zanklustigen Zustand versetzen. Schnapp dir ein kleines Picknick und geht nach draußen, in den meisten Fällen bereinigt sich die schlechte Stimmung dann wie von selbst.

Rausgehen oder den Nachmittag in der Wohnung verbringen?

Wohin geht es nach der Kita oder der Schule? Wir Mamas haben gerne schon einen Plan oder ein Ziel für den Tag im Kopf, denn ein Nachmittag mit einem gelangweilten Kind kann sich ziehen wie Kaugummi. Jedoch müssen die Bedingungen stimmen: Haben dein Sohn und du Lust auf die gleichen Unternehmungen oder habt ihr vielleicht gerade ganz verschiedene Vorstellungen?

Wir haben oft im Hinterkopf, dass unsere Kinder auf jeden Fall ausreichend Zeit an der frischen Luft verbringen müssen, doch was, wenn dein Sohn partout nicht nach draußen möchte oder das Wetter so schlecht ist, dass ihr gezwungen seid, den Nachmittag drinnen zu verbringen? Wenn wir ein bisschen um die Ecke denken, gibt es meistens doch Kompromisse, die für alle Beteiligten funktionieren.

Frischluft-Muffel

Draußen scheint die Sonne oder zumindest ist das Wetter endlich mal wieder so, dass es dich ins Freie zieht. Vielleicht ist aber auch gerade Herbst oder Winter und du bist von kurzen Tagen und Heizungsluft schon ganz duselig, dass du dir einfach nur ein wenig Bewegung und Sauerstoff wünschst. Aber bei deinem Sohn stößt die Frage, ob er Lust hat, nach draußen zu gehen, nicht auf Gegenliebe. Wenn es nach ihm ginge, würdet ihr den lieben langen Tag im Haus verbringen.

Jedes Kind ist ein Einzelstück mit eigenen Vorlieben und Abneigungen. Während der Sohn deiner Freundin vielleicht einen hohen Bewegungsdrang hat, beschäftigt sich dein Junge möglicherweise lieber etwas ruhiger. Ursachen für Rausgehmuffelei kann es viele geben.

Wenn ich mich an meine eigene Kindheit erinnere, fand ich es zum Beispiel sterbenslangweilig, wenn unsere Eltern einfach nur mit uns spazieren gehen wollten. Wenn meinen Geschwistern und mir hingegen ein Ziel oder eine bestimmte Aufgabe in Aussicht stand, waren wir gleich viel motivierter, das Haus zu verlassen. Vielleicht braucht dein Sohn einen ganz konkreten Vorschlag, wohin du mit ihm gehen möchtest oder was ihr draußen tut, damit das Angebot verlockender ist.

An manchen Tagen hat er möglicherweise in der Kita schon so viel im Freien gespielt, dass er schlichtweg Sehnsucht nach seinem Spielzeug hat, mit dem er sich in Ruhe in der Wohnung beschäftigen möchte oder er hat einfach mal Lust, auf dem Tablet oder im Fernsehen eine Sendung anzuschauen oder ein Computerspiel zu spielen. Das alles macht noch keinen Bewegungsmuffel oder Computer-Junkie aus ihm, auch wenn diese Angst bei uns Müttern schnell mitschwingt.

Wenn es zu deinem Bedürfnis passt und eure Draußen-Spiel-Bilanz insgesamt passt, spricht doch nichts dagegen, ein, zwei Nachmittag im Haus zu verbringen. Die Lust, Zeit im Freien zu verbringen, wird vermutlich nicht steigen, wenn du einen Sohn nach draußen zwingst, aber es gibt Auswege.

Findet Kompromisse

Wenn dir die Decke auf den Kopf fällt und du kurz vorm Budenkoller stehst, ist niemandem geholfen, wenn du dein Bedürfnis komplett über Bord wirfst. Erkläre deinem Sohn, dass es dir wichtig ist, rauszugehen. Sage ihm, dass ihr nicht den kompletten Nachmittag im Freien verbringen müsst, aber dass du dich mit ihm einigen möchtest. Vielleicht geht ihr eine Stunde nach draußen und danach macht ihr zu Hause zusammen ein Puzzle oder spielt ein Spiel.

Oft ist es hilfreich, die Entscheidung, nach draußen zu gehen, nicht so absolut klingen zu lassen. Du kannst folgenden Vorschlag machen: „Lass es uns erstmal versuchen, und wenn es dir draußen überhaupt nicht gefällt, überlegen wir uns etwas anderes.“ In der Regel ist es dann beispielsweise auf dem Spielplatz so interessant, dass die Unlust schnell vergessen ist. Wenn dein Sohn nach einer gewissen Zeit aber weiterhin keine Lust hat, geh wie versprochen darauf ein. Wenn der Satz ein bloßes Lockmittel ist, wird er nicht oft funktionieren.

Forscher, Schatzsucher, Abenteurer: Finde einen Anreiz

Je nach Vorlieben deines Sohnes könnt ihr die Zeit draußen mit bestimmten Aktionen verbinden. Sammelt Blätter, Blumen, Stöcke, Moos und andere Dinge, mit denen ihr dann zu Hause bastelt oder die dein Sohn untersuchen kann. Koppel den Ausflug direkt an einen kleinen Forschungsauftrag, nehmt eine Becherlupe oder ein Vogelbestimmungsbuch mit und beobachtet Insekten und Vögel oder sucht nach Tierspuren. Auch für uns Erwachsene sind solche Ausflüge spannend und lehrreich, denn meistens wissen wir selbst nicht so genau, was in unserem Umfeld alles kreucht und fleucht. Ihr könnt auch Kreide mitnehmen und die Gehwege verschönern.

Kaum ein Kind kann einer Schatzsuche widerstehen. Dabei muss es keine riesige Kiste mit Süßigkeiten sein, nach der ihr sucht, und du bist auch nicht darauf angewiesen, dieses kleine Abenteuer von langer Hand zu planen. Entweder schreibst oder malst du zu Hause noch schnell ein paar kleine Hinweiszettel, die du draußen immer wieder unauffällig platzierst oder ihr orientiert euch spontan an Spuren, die ihr draußen entdeckt: ein abgeknickter Zweig, ein Kieselstein auf dem Gehweg, ein Schild oder ein Plakat.

Es ist völlig ausreichend, eine kleine Schachtel oder Dose mit dem Schatz zu verstecken. Fülle sie mit Nüssen, Obst, einem kleinen Flummi oder ähnlichem. In der Regel sind die Suche und das Erfolgserlebnis beim Auffinden des Schatzes schon so spannend, dass dein Sohn mit Feuereifer bei der Sache sein wird. Wenn es ihm allein zu langweilig ist, nehmt ein Kind aus der Nachbarschaft mit.

Gibt es eine Bude, ein Baumhaus oder ein Tipi aus Ästen und Zweigen in einem Waldstück, an dem ihr weiterbauen könnt? So ein Bauprojekt macht Spaß und kann deinen Sohn über Jahre immer wieder beschäftigen, weil irgendwann an- oder umgebaut wird, das Dach mit Moos ausgebessert oder ein neues Fenster aus Zweigen eingebaut werden muss.

DAS STÄRKT EUREN ALLTAG – LASS DICH AUCH MAL EIN

Manchmal kostet es uns etwas Überwindung, bei jeder Aktion, jedem Sandburgbau oder Rollenspiel mitzumachen. Doch wenn wir uns einbringen, zahlt es sich doppelt und dreifach aus. Meistens kommt auch bei uns – genau wie bei unseren Söhnen – die Lust beim Spielen. Wir werden wacher und stellen fest, dass es am Ende doch irgendwie gar nicht so schlimm und doof war, sich darauf einzulassen und haben genauso viel Spaß wie unser Kind. Gleichzeitig sind es diese kleinen gemeinsamen Alltagserlebnisse, an die wir uns später erinnern, die die Beziehung zu unseren Söhnen erblühen lassen und die dafür sorgen, dass wir abends im Bett mit einem zufriedenen und dankbaren Lächeln an den Tag zurückdenken. Dein Sohn erlebt dich in diesen Momenten losgelöst von Pflichten und Gedanken, denen wir alle sooft nachhängen. Du bist präsent und daraus schöpft er Kraft. Kinder erwarten keineswegs, dass wir uns immer stundenlang mit ihnen beschäftigen, wenn wir in der gemeinsamen Zeit auch tatsächlich mit unserer Aufmerksamkeit bei ihnen sind.

Wenn es die Jahreszeit und das Wetter zulassen, spricht oft nichts dagegen, Aktionen, die dein Sohn zu Hause machen würde, in den Garten, auf den Spielplatz oder in den Park zu verlegen. Mit einer Decke und einem kleinen Picknick kann er auch draußen kneten, Lego spielen, malen, Bücher lesen oder ein Hörspiel hören.

Insbesondere im Herbst und Winter fällt es uns immer schwerer, uns aufzuraffen, nach draußen ins Ungemütliche, Kalte zu gehen. Außerdem dämmert es ja meistens schon so früh. Doch genau darin kann das Abenteuer liegen. Nehmt für eine letzte Runde durch die Nachbarschaft oder den Park Taschenlampen oder eine Laterne mit – wer sagt denn, dass die bunten Lichter nur zum Martinsfest Saison haben müssen? Genießt bewusst die Vorzüge der dunklen Jahreszeiten, wenn die Schatten draußen alles spannend und ein bisschen schaurig-schön machen und die Welt in Dämmerlicht und Dunkelheit ganz anders aussieht als am Tag.

EXTRA-TIPP: ROLLENSPIELE UND VERKLEIDUNGEN

!

Auf einem einfachen Spaziergang haben die wenigsten Kinder Lust. Wenn dein Sohn sich allerdings verkleidet oder einfach mithilfe seiner Fantasie in die Rolle eines Superhelden, Ritters oder Polizisten schlüpft, wird die Draußen-Zeit zum Abenteuer, für das er Feuer und Flamme ist. Außerdem hat er unterwegs die Möglichkeit, endlich mal sein Spielzeugschwert nach Herzenslust zu schwingen, das sonst in der Wohnung der Blumenvase oder deinem Kopf immer so bedrohlich nah kommt – oder jedes vergleichbare Spielzeug, das dich im Haus eher nervt.

Spiel-Dates: Zusammen macht es mehr Spaß

Verabredet euch draußen mit anderen Kindern – und idealerweise mit Eltern, die du kennst und magst. Während der Nachwuchs spielt, habt ihr mit ein bisschen Glück Zeit, euch zu unterhalten, mitgebrachten Kaffee zu trinken und über euren Alltag zu quatschen. Freundschaften sind für alle wichtig: für deinen Sohn, aber auch für dich. Es geht doch nichts über andere Mütter, mit denen man sich offen und ehrlich über das Familienchaos austauschen kann. Solche Gespräche entspannen ungemein, es tut gut zu hören, dass es auch mal woanders drunter und drüber geht und jeder mit Herausforderungen zu kämpfen hat. Außerdem hat deine Mama-Freundin vielleicht Ideen und Tipps auf Lager, die du noch nicht ausprobiert hast und umgekehrt.

Spielplatz-Krise: Ich will aber nicht nach Hause!

Ihr habt den Nachmittag auf dem Spielplatz verbracht, dein Sohn hat ausgiebig gespielt, ist geklettert und gerutscht, jetzt möchtest du nach Hause, aber dein Sohn protestiert, läuft davon und legt lautstark Widerspruch ein. Diese Situationen – oder ähnliche – sorgen insbesondere mit kleinen Jungen immer wieder für reichlich Konfliktpotenzial. Dir ist es als Mutter unangenehm, zum Mittelpunkt der gesamten Aufmerksamkeit zu werden, außerdem wirst du wütend, weil dein Sohn einfach nicht hört.

DAS ENTSPANNT DICH – FREUNDSCHAFTEN

Du hast bislang noch keine Mutter getroffen, die zu dir passt? Für den unwahrscheinlichen Fall, dass weder im Geburtsvorbereitungskurs, beim Rückbildungsyoga, in der Krabbelgruppe noch in der Kita eine Mama dabei gewesen ist, die dein Fall war, bietet das Internet tolle Möglichkeiten. Es gibt immer mehr kostenlose Apps, Plattformen und Facebook-Gruppen speziell für Mütter, in denen du Gleichgesinnte treffen kannst, die in deiner Umgebung wohnen. Die Chancen, hier eine gute Bekannte oder Freundin kennenzulernen, mit der du Zeit verbringen und dich austauschen zu kannst, stehen gut. Kaum etwas ist für ein entspanntes Mamaleben so wichtig, wie eine Vertraute, der du ab und an dein Herz ausschütten oder mit der du über die Katastrophen des Alltags lachen kannst.

Einige Eltern lösen das Problem, indem sie sich ihre Kinder einfach unter den Arm klemmen und wegtragen oder im Kinderwagen festschnallen. Bis zu einem gewissen Alter beziehungsweise Gewicht deines Sohnes mag das ganz gut funktionieren – wenngleich es nicht auf euer Beziehungskonto einzahlt, wenn dein Sohn erlebt, dass du deine körperliche Überlegenheit ausnutzt, um deinen Willen durchzusetzen.

Oft kommt die Ankündigung „Wir gehen jetzt!" für Kinder zu abrupt. Sie sind mitten ins Spiel vertieft und haben keine Gelegenheit, sich aus der Situation zu lösen. Hinzu kommt, dass der Ausdruck „wir" für Kinder unklar ist – auch in anderen Situationen. Denn zumeist haben nicht „wir" etwas vor, sondern ein Elternteil hat sich entschieden, dass es jetzt losgeht und das Kind soll mitkommen. Klarer sind Formulierungen wie „Ich will jetzt gehen und ich möchte, dass du mitkommst".

Erkläre auch, warum du gehen möchtest. Sag, dass du hungrig bist, keine Lust mehr hast, dass du frierst oder zum Abendessen nach Hause möchtest, erzähl deinem Sohn wie es dir geht, das fördert seine Empathiefähigkeit – auch wenn es dir in diesem Moment nicht so erscheint, aber er lernt, dass andere Menschen ebenfalls Bedürfnisse haben.

Genauso wichtig ist es, früh genug anzukündigen, dass es gleich Zeit ist, zu gehen. Je jünger dein Sohn ist, desto mehr hat er Schwierigkeiten damit, sich etwas unter zehn Minuten oder einer Viertelstunde vorzustellen. Du kannst zwei bis drei Ankündigungen machen oder einen Timer stellen und dann ganz konkret mit ihm vereinbaren, dass er jetzt noch drei Mal rutscht, seine Sandburg zu Ende baut, noch einmal klettert oder was auch immer, so dass er für sich einen guten Abschluss finden kann.

DAS ENTSPANNT EUREN ALLTAG – EINE GUTE BEZIEHUNG

Alle Eltern wünschen sich, dass ihre Kinder kooperieren und „hören". Dabei übersehen wir oft, dass eine gute Beziehung auf Gegenseitigkeit beruht und die Kooperationsbereitschaft darin keine Einbahnstraße sein darf. Sehr oft hören unsere Kinder allerdings „Moment" und „gleich", im Gegenzug erwarten wir allerdings häufig, dass unsere Kinder sich anders verhalten.

Viele Eltern befürchten, dass ihre Autorität wackelt und die Kinder fortan versuchen, immer „damit durchzukommen", wenn sie sich ebenfalls kooperationsbereit zeigen, auch mal lockerlassen und nachgeben. Dabei können wir unseren Kindern Sozialverhalten sehr gut vorleben, indem wir im Rahmen der familiären und situativen Möglichkeiten auch mal nachgeben und uns an ihre Bedürfnisse anpassen. Niemand muss befürchten, damit rücksichtslose Egoisten heranzuziehen, wenn das Verhältnis ausgewogen ist. Die Kooperationsbereitschaft von Kindern erhöht sich deutlich, wenn auch wir Eltern und trauen, Kompromisse einzugehen und das gesamte Klima in der Familie entspannt sich.

Oft hilft es auch, die letzte Aktion auf dem Spielplatz gemeinsam zu machen. Rutsch noch mal mit deinem Sohn zusammen, perfektioniere sein Sandgebäude und gib ihm Anschwung auf der Schaukel. Daraus können schöne Abschlussrituale entstehen, die es deinem Sohn erleichtern, sich zu trennen. Außerdem kannst du ihm ruhig erklären, dass du verstehen kannst, dass er noch nicht gehen möchte, wenn es so schön ist, dass ihr aber so schnell wie möglich wiederkommt – das ist den meisten Kindern nämlich in solchen Situationen nicht bewusst.

Wenn nichts hilft

Was tun, wenn all deine Bemühungen zu nichts führen und dein Sohn trotzdem nicht gehen möchte? Es gibt durchaus Situationen, in denen du Termine und Verpflichtungen hast und tatsächlich nicht nur gehen willst, sondern musst. Ist die Kooperationsbereitschaft innerhalb der Familie ausgeglichen und lässt du deinem Sohn nach Möglichkeit auch seine Zeit und seinen Rhythmus, klappt es in Pflichtsituationen tatsächlich oft entspannter. Doch natürlich sind Kinder keine Automaten, in die wir oben elterliche Kompromissbereitschaft hineinwerfen und dann im gewünschten Moment das Produkt Gehorsam erhalten.

Vermutlich ist allen Eltern schon der Satz „Wenn du jetzt nicht kommst, dann gehe ich ohne dich!“ herausgerutscht. Einige setzen ihn auch recht unbedacht ein – und in der Regel funktioniert es. Denn je kleiner dein Sohn ist, desto stärker rührt das an seine Urangst, von überlebenswichtigen Bezugspersonen verlassen zu werden. Das geht immer auf Kosten des Vertrauens und der Beziehung. Ältere Kinder haben zudem irgendwann durchschaut, dass dies leere Ankündigungen sind, denn wir gehen ja schlichtweg nicht ohne sie. Wir wissen uns nur in diesem Moment nicht anders zu helfen.

Selbstverständlich bist du keine Rabenmutter, wenn du dein Kindergartenkind in einer Situation, in der ihr wirklich aufbrechen müsst, auf den Arm nimmst und losgehst – auch gegen seinen Willen, wenn es liebevoll geschieht. Zeig Verständnis für den Frust deines Sohnes und bleibe nach Möglichkeit entspannt, denn mit seinem Protest äußert er einfach nur seinen Ärger, was vollkommen in Ordnung und nachvollziehbar ist.

Zu viel Energie bei schlechtem Wetter: Aktionen für Zuhause

Dein Sohn platzt vor Energie, aber ihr kommt wegen des Wetters nicht vor die Tür. Am Ende der guten Laune deines Kindes ist leider noch etwas Nachmittag übrig. Indoor-Spielplätze sind nicht jedermanns Sache, außerdem steht den wenigsten Eltern immer der Sinn danach, sich für verregnete Nachmittage ein umfangreiches Ausflugsprogramm auszudenken oder schlechte Stimmung bis zur Bettgehzeit auszuhalten. Das muss aber auch nicht sein, es gibt einige Möglichkeiten, deinen Sohn mit kleineren und größeren Aktionen zu Hause zu beschäftigen.

Unverzichtbar: die Tobe-Matratze

Gehört dein Sohn auch zu den Jungen, die einen ausgeprägten Bewegungsdrang haben und die eher selten dafür zu haben sind, stundenlang hingebungsvoll an einem Fleck zu sitzen und zu lesen und zu basteln? Ich weiß nicht, was wir im Herbst ohne Tobe-Matratze tun würden. Unsere Söhne schieben sie vor ihre Betten, eine Fensterbank oder ein feststehendes Regal und springen wie verrückt. Die Matratze wird auch schnell zum Schiff, Steuerräder und Anker schneiden wir kurzerhand aus Pappkartons aus und der Stil des Wischers wird mithilfe eines Bettlakens und Dutzenden Wäscheklammern zum Mast mit Segel. Allein schon der Bauvorgang beschäftigt uns einen halben Nachmittag. Auf ihrem Schiff können sie dann toben, picknicken und Bücher lesen.

EXTRA-TIPP: MEHR KINDER, WENIGER STRESS

Wenn deinem Sohn die Decke auf den Kopf fällt, ladet andere Kinder ein. Dann wird es vielleicht etwas lauter, doch in der Regel spielen die Kinder dann ausgiebig und ohne dass du die ganze Zeit die Animateurin geben musst. Wenn die Besucherkinder nette Mütter haben – umso besser. Die lädst du dann direkt mit ein und hast ebenfalls Gesellschaft für den Nachmittag. Wenn die Kinder euch trotzdem lieber dabei haben möchten, könnt ihr es euch auch mit Kaffee und Tee im Kinderzimmer gemütlich machen.

Barfußpfad bauen

Raus aus den Socken und lasst die Füße fühlen. Für einen Indoor-Barfußpfad könnt ihr verschiedenste Alltagsmaterialien verwenden, Hauptsache sie sind nicht zerbrechlich, weisen keine Splitter oder spitze Kanten auf. Befestigt den Parcours nach Möglichkeit mit Klebeband auf einem glatten Fußboden und führe deinen Sohn mit verbundenen Augen darüber. Er kann dabei raten, was sich gerade unter seinen Füßen befindet und beschreiben wie es sich anfühlt. Geeignet sind beispielsweise alte, zusammengeknüllte Zeitungen, Pappe, Eierkartons, Knall- und Alufolie, Bretter, Turn- oder Isomatten, Decken aus unterschiedlichem Material, alte Stoffe oder Bettlaken, feuchte Handtücher und feines Schmirgelpapier. Ein Barfußpfad macht nicht nur Spaß und schärft die Wahrnehmung, er entspannt außerdem und gibt deinem Sohn die Möglichkeit, verschiedene Untergründe noch einmal ganz anders und intensiv wahrzunehmen.

Wasserlandschaften kreieren

Wasser hat auf alle Kinder eine magische Anziehungskraft. Breite eine große Wachstuchdecke aus, lege ausreichend Handtücher bereit und fülle einige Schüsseln und Töpfe mit Wasser. Dein Sohn kann aus Legosteinen Gebäude darum errichten, Sprungtürme für seine Figuren bauen und Tiere schwimmen lassen.

Unsere Söhne spielen im Winter oder bei schlechtem Wetter oft stundenlang vor ihren Wasserlandschaften. Wenn es kühl ist, drehe ich die Heizung auf und wenn die Herren all zu nass werden, gibt es ein Paar trockene Socken oder ein Wechsel-Shirt und es geht weiter. Die Wachsdecke schützt den Fußboden und wenn genug Handtücher bereitliegen, wischen die Kinder Pfützen schnell selbstständig wieder auf.

Wie viel Taschengeld ist passend?

Dein Sohn bekommt Taschengeld – ab welchem Alter, wie oft und wie viel, bestimmt ihr in eurer Familie ganz individuell. Er soll damit einen Bezug zu Geld und dessen Wert bekommen, und den Umgang mit seinen eigenen Finanzen üben. Doch Woche für Woche oder Monat für Monat habt ihr die gleiche Diskussion: Es reicht einfach nicht, denn sobald dein Sohn das Geld in den Händen hat, zischt er damit zum nächsten Kiosk und investiert es in Süßigkeiten oder anderen Kleinkram. Sparen für größere Wünsche oder einen Kinobesuch? Fehlanzeige.

Hauptinvestition: Süßigkeiten

Wenn dein Sohn den Großteil seines Geldes in Süßigkeiten investiert, stehst du zumindest garantiert nicht als einzige Mutter da, der es so geht – obwohl bei euch zu Hause der Schrank mit den Bonbons und Keksen nicht abgeschlossen ist. Dass dich das nervt, ist verständlich. Doch auch der Anreiz, den ein gut bestückter Kiosk auf deinen Sohn ausübt, ist nachvollziehbar und höchstwahrscheinlich wird er in dessen Angebot Dinge entdecken, die es zu Hause nicht gibt und die er unbedingt haben möchte.

Es ist insbesondere für Kita-Kinder nahezu unmöglich, sich angesichts eines solchen Reizes gleichzeitig eine Perspektive auf die Zukunft, in der es sich vielleicht noch andere Wünsche erfüllen möchte, zu vergegenwärtigen. Sie verfügen einfach nicht über die Fähigkeit, sehr weit über den Augenblick hinauszudenken – und schon gar nicht, wenn sie gerade Eis, Weingummi und Lollis vor Augen haben. Auch vielen Kindern im Grundschulalter wird das noch ziemlich schwerfallen.

Lass die Verantwortung los

Zunächst einmal solltest du die Kaufentscheidungen, die dein Sohn bezüglich seines Taschengelds trifft, so wenig wie möglich regulieren. Es ist sein Geld und wenn er damit nichts erwirbt, was in irgendeiner

Weise seine Gesundheit oder seine Entwicklung gefährdet, sollte er auch frei darüber entscheiden dürfen.

EXTRA-TIPP: DAS EMPFIEHLT DAS JUGENDAMT

Diese Beträge sind lediglich Empfehlungen. Ob überhaupt und wie viel Taschengeld Kinder bekommen, liegt immer im Ermessen der Eltern.

- 4 bis 5 Jahre: 50 Cent in der Woche
- 6 bis 7 Jahre: 1,50 bis 2 Euro in der Woche
- 8 bis 9 Jahre: 2 bis 3 Euro in der Woche
- 10 bis 11 Jahre: 13 bis 16 Euro im Monat

Gibt es Frust und Tränen, weil zur Wochen- oder Monatsmitte kein Geld mehr übrig ist, ist das zwar anstrengend, doch solltest du hier nicht mit dir verhandeln lassen. Aufstocken des Budgets oder ein Vorschuss entspannen die Situation zwar für den Moment, allerdings zieht dein Sohn daraus die falschen Schlüsse und kann nichts über die Begrenztheit von finanziellen Mitteln lernen.

Biete Unterstützung bei den Finanzen an

Wenn dein Sohn es wünscht, kannst du ihm Tipps geben, wie er einen besseren Überblick über seine Ausgaben bekommt. Hilf ihm aufzuschreiben, welchen Betrag er für einen bestimmten Wunsch benötigt, wie viel Geld ihm wöchentlich oder monatlich zur Verfügung steht und wie lange es dauert, auf sein Ziel hin zu sparen. Wenn er möchte, kannst du auch einen Teil seines Geldes so für ihn aufbewahren, dass er dich im Zweifelsfall danach fragen muss. Es geht dann nicht darum, ihn um jeden Preis vom Kaufen abzuhalten, aber so hat er noch einmal kurz die Möglichkeit zu überlegen, ob sein Geld wirklich ausgeben möchte.

Wenn dein Sohn schon etwas älter ist und dementsprechend ein bisschen mehr Geld bekommt, kannst du die Beträge auch staffeln und ihm – mit seinem Einverständnis – nicht gleich alles auszahlen.

Das kann ihm helfen, den Überblick zu bewahren und nicht alles auf einmal auszugeben. Dies alles sind jedoch lediglich Möglichkeiten, wie du deinen Sohn unterstützen kannst. Versuche, dich von der Erwartung freizumachen, dass es dann reibungslos und nach deinen Vorstellungen klappt. Der Umgang mit Geld ist ein langer Lernprozess, der Zeit braucht, auf Erfahrungen beruht und auch von der Persönlichkeit deines Sohnes abhängt sowie von dem, was seine Familie ihm vorlebt. Das Taschengeld ist ein Übungsmittel für deinen Sohn, das ihm hilft, Erfahrungen zu sammeln.

Zuverlässigkeit, Pünktlichkeit und Verbindlichkeit

Wir alle wünschen uns, dass unsere Söhne lernen, Verantwortung zu übernehmen – sich selbst, anderen und ihren Aufgaben gegenüber. Wir möchten sie später als Männer erleben, die Verbindlichkeiten eingehen und Pflichtbewusstsein entwickelt haben, und nicht beim kleinsten Gegenwind aufgeben oder ihr Leben nur nach dem Lustprinzip gestalten. Zudem wissen wir, dass das ihr Leben viel, viel leichter macht. Die Mamas, die heute in den Spielgruppen sitzen, sprechen – ich erlebe es selbst immer wieder – bereits davon, dass ihre Schwiegertöchter es einmal anders haben sollen als sie selbst in einigen Bereichen mit ihren Männern. Das sind natürlich längst nicht alle Jungsmamas, doch einige treibt das Thema heute schon um.

Ganz unberechtigt ist das nicht, schließlich prägen die frühen Jahre eines Kindes in seiner Ursprungsfamilie es für den Rest seines Lebens. Sind das Prägungen, die kein Erwachsener bei sich selbst mehr zu ändern vermag? Nein, Entwicklung und Arbeit an sich selbst ist ein Leben lang möglich. Dennoch wirken die inneren Abläufe, die wir als Kinder erlernen, am stärksten und machtvollsten in uns. Jeder, der sich bereits einmal darum bemüht hat, eine Gewohnheit oder ein automatisiertes Verhalten bei sich selbst zu verändern, weiß, wie viel Anstrengung und Veränderungsbereitschaft das zunächst bedeutet. Also wollen wir Hänschen lieber lernen lassen, womit Hans – und dessen Gattin oder dessen Gatte – es später sonst schwer haben könnte. Oder wir selbst, denn die Pubertät liegt schließlich auch noch vor uns.

Ein Hobby weiterführen

Musikschule, Fußballtraining, Kinderturnen – egal, welche Hobbys oder festen Freizeittermine anfallen, du hast den Eindruck, dass es deinem Sohn schwerfällt, sich dauerhaft dafür zu begeistern? Schon nach kurzer Zeit verliert er das Interesse und möchte etwas Neues ausprobieren.

Es kommt jetzt ein weniger darauf an, wie alt dein Sohn ist. Fakt ist, dass wir alle schnell dazu neigen, uns und unseren Kindern die Tage zu vollzuladen und uns wenig Freiraum für ganz gewöhnliche Dinge zu lassen: uns mal treiben zu lassen, uns draußen zu verabreden, in den Nachmittag hineinzuleben und Freiraum zu schaffen, in dem neue Ideen und Kreativität wachsen können. Das fängt oft schon mit der Frühförderung für Babys an, streckt sich über Schwimmkurse, musikalische Früherziehung, Turngruppen und andere Aktivitäten. Die Palette an Kursangeboten für Eltern und Kinder ist heute riesig und setzt quasi direkt nach der Geburt an.

Sicherlich ist keines dieser Angebote verkehrt, doch werden wir als Eltern gewissermaßen schon in einen Anspruch hineingeboren, unsere Kinder mithilfe verschiedener Kurse und Techniken optimal ins Leben zu begleiten. Frei nach dem Motto: Wer nicht zum PEKiP geht, braucht sich später nicht wundern, wenn sein Kind in der Schule nicht zuhören kann. Das ist natürlich etwas übertrieben, doch haben Eltern oft ein schlechtes Gewissen, wenn sie derartige Angebote auslassen.

DAS ENTSPANNT DICH –
SCHAU AUF DAS, WAS EUCH FREUDE BEREITET

Schau einmal genau hin: Wie viel Zeit verbringt dein Sohn mit anderen Kindern? Welche Angebote gibt es in der Kita oder in der Schule und wie verbringt ihr eure Freizeit? Wenn ihr ohnehin viel draußen unterwegs seid, dein Sohn begeistert klettert und durch die Natur tobt, kannst du dich innerlich ganz entspannt zurücklehnen. Angesichts einer schier endlosen Zahl an Angeboten bekommst du schnell den Eindruck, dein Sohn würde nur dann ausreichend gefördert und ausgelastet, wenn du möglichst viele davon nutzt. Vertrau dir und deinem Gefühl für eure Lebensgestaltung und euren Alltag. Du kommst zu dem Schluss, dass er anregend und auslastend genug ist für deinen Sohn, auch ohne, dass er noch drei zusätzliche Nachmittagstermine hat? Großartig! Stress und Leistungsdruck treten noch früh genug in sein Leben.

Doch gerätst du so schnell in Terminstress, der deine Freizeit betrifft und die deines Sohnes. Müsste er nicht auch langsam mal mit dem Fußballtraining beginnen? Mehr Bewegung durch Turnen wäre doch sicher gut, und in der Kita schon mal mit einer Fremdsprache oder einem Instrument in Kontakt zu kommen, wäre sicherlich nicht verkehrt.

All diese Angebote sind schön und haben ihre Daseinsberechtigung. Doch das bedeutet noch lange nicht, dass ihr sie braucht. Dein Sohn hat noch eine ganze Kindheit lang Zeit, beispielsweise Interesse für ein Instrument zu entwickeln. Versucht nicht alles auf einmal. Und prüfe, wie gefüllt euer Terminkalender ohnehin schon ist: Weniger ist hier oft mehr.

Dein Sohn hat Freude am Sport oder einem anderen Angebot? Prima, es spricht nichts dagegen, das zu nutzen. Sorge dafür, dass dies zu einer festen Gewohnheit wird, ihr also etwa immer mittwochs zum Schwimmen oder in die Musikschule geht. Wenn dein Sohn noch jünger ist, belege Kurse mit ihm zusammen, denn er wird dich dort als sicheren Bezugspunkt brauchen und ihr habt die Möglichkeit, gemeinsam Zeit zu verbringen.

Dein Sohn hat mal keine Lust? Das ist normal, schließlich sind wir Erwachsenen auch nicht immer hochmotiviert – auch nicht bei Dingen, die uns eigentlich Spaß machen. Begegne deinem Sohn mit Verständnis, ermutige ihn jedoch, trotzdem hinzugehen, in der Regel kommt die Freude, wenn er erst einmal da ist.

Doch was ist, wenn die Phase der Unlust anhält? Vielleicht gab es in deiner Kindheit eine Sache, zu der du partout keine Lust hattest, sie aber trotzdem immer tun musstest. Das kann ziemlich nach hinten losgehen und einem die Freude am Lernen oder an einer bestimmten Beschäftigung ziemlich verhageln. Wenn dein Sohn also dauerhaft keine Lust hat, etwas weiterzumachen, ergibt es wenig Sinn ihn zu zwingen, nur damit er Disziplin und Willensstärke lernt.

DAS STÄRKT DEINEN SOHN – LEBE DEINE WERTE VOR

Forscher der Universität Cambridge haben in einer Studie herausgefunden, dass bereits Kleinkinder sich mehr anstrengen, wenn sie sehen, dass sich Erwachsene – idealerweise die Hauptbezugspersonen – ebenfalls stark bemühen, ein Ziel zu erreichen. Denn wenn wir unseren Söhnen Durchhaltevermögen, Fleiß, Pünktlichkeit, Verlässlichkeit, Engagement und all diese Werte vorleben, die uns so für ihr späteres Leben wichtig sind, prägt sie das effektiver als jeder Zwang. Lass deinen Sohn auch an deinen Lern- und Bemühungsprozessen teilhaben. Immer nur Erwachsene zu erleben, denen alles leichtfällt und die bereits alles können, frustriert Kinder auf Dauer.

Am stärksten lernen unsere Kinder durch unser Vorbild – in allen Lebensbereichen. Wenn regelmäßiger Sport und vielfältige Interessen für dich normal sind, ist es schon fast unmöglich, dass dein Sohn sich in einen komplett andere Richtung entwickelt – auch wenn seine Interessen wiederum andere sind und zu seiner Persönlichkeit passen.

Erweitere deine Wahrnehmung und sieh deine Erfolge

Wir alle neigen zu einer recht einseitigen Perspektive: Du siehst vielleicht nur, dass dein Sohn vieles beginnt und nichts zu Ende führt. Möglicherweise schwingen dabei in deinem Hinterkopf die mahnenden Worte deiner eigenen Kindheit mit. Denn auch deine Eltern hatten eventuell die Sorge, dass aus dir nichts wird, wenn du kein Durchhaltevermögen lernst. Kennst du auch diese innere Stimme, die dir das Leben oft so schwer macht? Sie arbeitet gerne mit Absolutismen: Nie schaffe ich etwas. Ich bin einfach nicht stark genug. Ich habe einfach nicht genug Willensstärke. Ich bin schlecht in Sport. Ich kann kein Mathe.

In der Regel setzen wir uns wenig damit auseinander, woher diese Aussagen über uns selbst stammen. Erst recht hinterfragen wir sie nicht und halten sie für unumstößliche Wahrheiten. Doch diese sogenannten Glaubenssätze sorgen dafür, dass du in einigen Lebensbereichen nie dein volles Potenzial entfaltest und dass Veränderung dir so schwer oder unmöglich erscheinen. Denn warum solltest du dich bemühen, Sport zu machen, wenn du sowieso ein total unsportlicher Typ bist?

DAS STÄRKT DEINEN SOHN – SAG IHM, DASS DU IHN SIEHST

Wenn du deinem Sohn beispielsweise einimpfst, dass er inkonsequent und unzuverlässig ist, wird er ein entsprechendes Selbstbild entwickeln und dieses automatisch unbewusst immer wieder bestätigen. Genau so sind auch die Grundannahmen entstanden, die du in der Regel über dich selbst tätigst und die heute noch dein Erwachsenenleben begrenzen und erschweren. Es hilft, deinen Blick für die kleinen Erfolge zu stärken, die kleinen Schritte deines Sohnes wahrzunehmen, die in die richtige Richtung gehen, und ihm deine Wahrnehmung rückzumelden. Es braucht kein überbordendes Lob. Kinder möchten einfach nur gesehen werden: „Du hast dich gerade lange mit dem Puzzle beschäftigt" oder „Ich habe gesehen, dass du es so lange versucht hast, bis du es geschafft hast". Das stärkt nicht nur deinen Sohn, sondern lenkt deine eigene Wahrnehmung vom Mangel auf die Erfolge.

Doch hast du diese Glaubenssätze, diese Geschichten, die du dir jeden Tag über dich selbst erzählst, schon einmal hinterfragt? Vielleicht hast du einfach noch nicht die richtige Sportart ausprobiert. Nur ganz wenige Menschen sind wirklich komplett unfähig, zu rechnen und dass du niemals überhaupt irgendetwas erreichst, ist mit Sicherheit die größte Unwahrheit überhaupt. Das Problem: Du glaubst diese Behauptungen über dich selbst, ohne genau hinzugucken. Vielleicht bist du keine schnelle Läuferin, aber Gymnastik macht dir Spaß. Subtraktion fandst du schon immer anstrengend, aber Bruchrechnung liegt dir möglicherweise total. Du kannst dir schlecht Witze merken, aber deine Lieblingslieder beherrschst du in Nullkommanichts auswendig.

Ein etwas differenzierter Blick auf dich selbst und deine Mitmenschen kann deine Wahrnehmung und damit auch deine Realität beeinflussen und verändern. Denn vielleicht kannst du dir vorstellen, dass es nicht besonders einfach ist, wirklich über sich selbst hinauszuwachsen, wenn man sich von vorneherein durch die Stimme im Kopf begrenzt.

Woher diese Stimme stammt? Die Art und Weise, wie in deiner Kindheit mit dir gesprochen wurde, wird zu deiner inneren Stimme, die dir immer weiter das sagt, was du früher gehört oder daraus geschlussfolgert hast. Das gleiche geschieht auch bei deinen Kindern.

Pünktlichkeit ganz praktisch

Von einem Kita-Kind kannst du aufgrund seines Entwicklungsstands keine Pünktlichkeit erwarten, weil es kaum ein Gefühl für Zeit hat und immer im Hier und Jetzt lebt. Im Grundschulalter und mit dem Erlernen der Uhr wird Zeit für Kinder messbar und immer greifbarer. Doch das weißt du vielleicht selbst: Eine Uhr bringt nur dann etwas, wenn man auch drauf schaut. Wenn dein Sohn total ins Spiel vertieft ist, wird ihm das vielleicht nicht immer gelingen – was nicht bedeutet, dass es ihm gleichgültig ist. Erkläre ihm in einem ruhigen Moment freundlich, warum es wichtig ist, dass er zur verabredeten Zeit nach Hause kommt: Weil du dir sonst Sorgen machst, dass ihm etwas passiert sein könnte. Doch auch, wenn du deinem Sohn erklärst, wieso dir Pünktlichkeit wichtig ist, heißt das noch nicht, dass er komplett begriffen hat, warum. Oder konntest du als Kind die Aufregung deiner Eltern begreifen, wenn du mal zu spät nach Hause gekommen bist? Oft begreifen wir erst, was diese Sorgen bedeutet, wenn wir selbst Eltern sind, denn Erfahrung schafft Verständnis.

Mach es für deinen Sohn so einfach und konkret wie möglich. Besorge ihm eine Uhr mit Signalfunktion. Stellt einen Timer ein, der piept, wenn es Zeit ist, nach Hause zu gehen. Verabredet Ereignisse an denen er sich orientieren kann:

- wenn die Straßenlaternen angehen
- wenn der Kiosk am Spielplatz die Rollläden herunterlässt
- wenn das Schwimmbad schließt

Hilf deinem Sohn, sich zu strukturieren, ausreichend Zeit und Puffer einzuplanen und sich so zu organisieren, dass er es schafft, pünktlich zu sein. Darauf ist er im Grundschulalter noch angewiesen. Lebe ihm ganz praktisch vor, wie gute Selbstführung funktioniert – ohne Vorwürfe und zu viel Druck, denn er lernt ja noch – dann wird es ihm wesentlich leichter fallen. Grenzen, um Erfahrungen mit Konsequenzen zu sammeln, gibt es im Alltag reichlich: Der Schulbus wartet nicht auf die, die zu spät kommen. Doch es gibt Strategien, ihn pünktlich zu erreichen, indem man zum Beispiel rechtzeitig aufsteht und abends alles Nötige vorbereitet. Tut diese Dinge gemeinsam, dann übt dein Sohn sie Tag für Tag.

Bildschirmzeiten und Medienkonsum

Vermutlich gibt es keine Eltern, die sich in der heutigen Zeit noch nicht mit ihrem Sohn um Handy- oder Tablet-Nutzung, Serien schauen oder Computerspiele gestritten haben. Bildschirme üben eine magische Anziehungskraft auf Kinder aus. Du hast den Eindruck, wenn dein Sohn einmal davor sitzt, vergisst er alles um sich herum, bekommt niemals genug, egal, wie viel Zeit du ihm zugestehst, und hat kaum mehr andere Interessen? Du fragst dich, wie andere Familien bei dem Thema angeblich ohne Grenzen und Regelungen auskommen?

Zunächst einmal stehen wir unseren Söhnen in Sachen Bildschirmbegeisterung oft in nichts nach. Sobald du eine Minute Leerlauf hast und an der Supermarktkasse oder an einer roten Ampel zum Warten verurteilt bist, greifst du zum Smartphone. Kennst du das? Stets verfügbare TV-Serien sind durch verschiedene Streaming-Dienste vollkommen normal und wenn du auf der Suche nach einem neuen Kuchenrezept bist, befragst du das Internet. Natürlich, die meisten Erwachsenen haben ihren Medienkonsum einigermaßen gut im Griff, zumindest leidet bei nur einem wirklichen geringen Teil der Bevölkerung der Alltag mit seinen Pflichten darunter, weil sie wirklich abhängig sind.

Dennoch sitzt auch dir vielleicht die Angst im Nacken: Was ist, wenn dein Sohn seine sozialen Kontakte verliert? Wenn er sich zu wenig an der frischen Luft bewegt? Die Fähigkeit einbüßt, kreativ zu sein und sich selbst zu beschäftigen? Wenn er durch den Konsum gewisser Spiele den Bezug zur Realität verliert und gegenüber Gewalt abstumpft? Diese Ängste sind nicht vollkommen unbegründet. Wenn die Bildschirmzeit so viel Raum einnimmt, dass dein Sohn nicht mehr dazu kommt, nach draußen zu gehen und mit anderen Kindern in ein freies Spiel zu kommen, kann sich das nachteilig auf seine Entwicklung auswirken. Denn wenn Kinder gemeinsam im freien Spiel versinken, begeben sie sich gewissermaßen automatisch in das beste und effektivste Trainingscamp für Sozialverhalten, das es gibt. Sie üben, sich zurückzunehmen, genauso wie sich durchzusetzen. Sie lernen, sich Lösungen auszudenken, mit anderen Menschen zu interagieren, die Langeweile zu überwinden und kreativ zu werden. Außerdem schulen sie ihre Muskeln und ihre Motorik.

Wichtig ist, im Blick zu halten, dass die Nutzung von Smartphone, Tablet und Spielkonsole genauso zur Medienzeit gehört wie der TV-Konsum.

DAS STÄRKT EUREN ALLTAG – BEHALTE DEN MEDIENKONSUM IM BLICK

Habe bei der Entscheidung über den Medienkonsum deines Sohnes immer die Gesamtsituation im Blick. Beachte, wie viel Zeit er sich insgesamt bewegt, draußen spielt, mit anderen Kindern zusammen ist, eine Sportart ausübt und wie sein Sozialverhalten insgesamt ist. Es ist viel wichtiger, das euer Alltag insgesamt ausgewogen ist, anstatt ganz genau auf die Minuten zu achten, die für Kinder in der jeweiligen Altersklasse vor dem Bildschirm empfohlen sind. Zudem reagiert auch jedes Kind sehr individuell auf diese Zeiten und sollte einzeln für sich in seinen Reaktionen betrachtet werden. Beispielsweise empfiehlt die Initiative „SCHAU HIN!", hinter der unter anderem das Bundesministerium für Familie, Senioren, Frauen und Jugend steht, folgende Zeiten zur täglichen Mediennutzung (Nutzung für die Schule nicht mitgezählt):

- bis fünf Jahre: bis eine halbe Stunde am Stück
- sechs bis neun Jahre: bis zu einer Stunde am Stück
- ab zehn Jahre: zehn Minuten Medienzeit pro Lebensjahr am Tag oder eine Stunde pro Lebensjahr in der Woche.

Kita-Kinder sollten beim Medienkonsum immer begleitet werden.

Beobachte deinen Sohn

Pauschale Lösungen gibt es für die Mediennutzung nicht, denn sie ist abhängig vom Lebensumfeld deines Sohnes, seiner Entwicklung sowie seiner Persönlichkeit. Es gibt durchaus Kinder, die nicht so tief in den Mediensog hineingezogen werden, die sich schnell langweilen vorm Bildschirm und dann von selbst spielen gehen. Doch so sind nicht alle Kinder.

Schafft dein Sohn es nicht, seinen Medienkonsum selbst zu regulieren, dann ist er auf deine Hilfe angewiesen. Ohnehin brauchen Kinder bei allen Angeboten, die sie nutzen, unsere enge Begleitung. Schau dir an, was er spielen oder ansehen möchte. Gibt es versteckte oder offensichtliche Werbung, die du unangemessen findest oder die nicht altersgemäß ist? Und wie reagiert dein Sohn auf die Inhalte? Oft haben insbesondere kleine Kinder viel Gesprächsbedarf, um das, was sie sehen und erleben, verarbeiten zu können.

Wenn du den Eindruck hast, zu viel Bildschirmzeit macht deinen Sohn hibbelig, nervös, aufgewühlt, aggressiver oder antriebslos, probiere aus, welche Zeitspanne und welche Inhalte ihm eher entsprechen. Weil bestimmte Teile des Gehirns durch das Licht des Bildschirms und bewegte Bilder enorm angeregt werden, ist es für einige Kinder schwierig, kurz vor dem Schlafengehen Medien zu konsumieren, da sie danach viel Zeit brauchen, um die Eindrücke zu verarbeiten und herunterzufahren. Schau hier, welcher Zeitpunkt besser zu euch passt.

Sprich mit deinem Sohn offen und freundlich darüber, wie es ihm geht, wenn er viel vor dem Bildschirm sitzt. Frage ihn, wie es ihm körperlich und mental geht und ob er irgendetwas vermisst. Wenn es dir gelingt, für solche Gespräche einen guten Zeitpunkt und die richtige Ansprache zu finden – also idealerweise nicht in einer akuten Konfliktsituation mit vorwurfsvollem Unterton – kannst du viel über die Befindlichkeiten und Bedürfnisse deines Sohnes erfahren.

Oft haben Kinder auch ein erstaunlich klares und gutes Gefühl dafür, was ihnen guttut und was nicht, selbst wenn sie unsere Unterstützung brauchen, um ihren Konsum zu regulieren. Wenn es dir gelingt, deinem Sohn bei dem Thema neutral und wirklich offen zu begegnen, verhinderst du, dass er das Gefühl bekommt, du würdest seine Interessen herabwürdigen, und er bleibt auch dir gegenüber aufgeschlossen. Du solltest dir bei der gesamten Thematik klarmachen, dass extremes Konsumverhalten oder sogar Sucht dann entstehen kann, wenn wichtige menschliche Grundbedürfnisse dauerhaft nicht befriedigt werden. Wenn ausreichend Nähe, Zuwendung, Aufmerksamkeit und Wertschätzung in euren familiären Beziehungen vorhanden ist, entwickelt sich dein Sohn auf einem sicheren und gesunden Boden.

Beobachte dich selbst

Du kannst nur dann deinem Sohn gegenüber klar sein, wenn du selbst eine eindeutige Position zu einem Thema gefunden hast. Bilde dir deshalb eine Meinung zum Medienkonsum deines Sohnes. Gewinne Klarheit darüber, welche Inhalte und Zeitspannen du angemessen findest, und was du ablehnst. Informiere dich über das, was er anschaut und spielt, sprich mit Erziehern und Lehrern oder besuche Veranstaltungen zum Thema Medienkompetenz. Dieses Feld ist so weit und unübersichtlich, dass man ohne Unterstützung, Beratung und Austausch nur schwer auskommt und auch gar nicht auskommen muss.

DAS STÄRKT DICH – REFLEKTIERE DEINEN MEDIENKONSUM

Es ist in diesem Zusammenhang sehr hilfreich, deinen eigenen Medienkonsum zu beobachten und zu reflektieren. Die meisten Smartphones verfügen über die Möglichkeit, sich über die wöchentliche Bildschirmzeit informieren zu lassen. Achte einmal für ein paar Tage darauf, welche Medien du zu welchen Zeitpunkten und Zwecken selbst nutzt. Verschaffe dir einen Überblick über Serien- und Chatzeiten sowie den Konsum sozialer Netzwerke. Darauf beruhend kannst du einen bewussten Umgang angewöhnen. Dadurch verschaffst du dir nicht nur mehr Freiraum für Präsenz gegenüber deinem Sohn und deinenMitmenschen. Du lebst deinem Kind auch einen guten Umgang mit Medien vor. Zeig ihm, wie man verschiedene Angebote produktiv nutzen kann. Frage auch deinen Sohn einmal, wie er deinen Medienkonsum einschätzt. Das gibt sicher interessante, vielleicht unbequeme Einsichten, hilft aber auch, unser Verhalten bewusst zu ändern und zu steuern.

Natürlich verschafft uns Mamas die Bildschirmzeit unserer Kinder Freiräume und Entlastung. Und es ist auch nicht verwerflich, das hin und wieder gezielt für sich zu nutzen, schließlich fordert euer Familienleben dich Tag für Tag sehr heraus. Wenn du eine Auszeit brauchst und es in eure Gesamtbilanz passt, ist es vollkommen legitim, deinen Sohn auch mal vor dem Tablet zu „parken“ und in Ruhe eine Tasse

Kaffee zu trinken und durchzuatmen. Warum auch nicht, wenn du weißt, was er sich ansieht oder spielt!?

Bedenklich wird es nur, wenn Spiele-Apps und Serien die stetige Antwort auf deine Erschöpfung oder die schlechte Laune und den Frust deines Sohnes sind, statt achtsamer mit dir und deiner Kraft zu sein und nach echter Entlastung zu suchen. Dein Sohn verpasst so auf Dauer die Möglichkeit, alternative Handlungsmöglichkeiten und Frustrationstoleranz zu entwickeln – beides wichtige Fähigkeiten für ein glückliches und zufriedenes Leben.

So kannst du Bildschirmzeiten steuern und einteilen

Wenn du das Gefühl hast, dass der Medienkonsum deines Sohnes überhandnimmt oder ihr permanent über dieses Thema streitet, stellt gemeinsam Regelungen auf. Besprecht, was euch wichtig ist. Erkläre deinem Sohn dabei deine Sorgen und Bedenken und aus welchen Gründen du eine Regelung wünschst. Versucht, gemeinsame Lösungen zu finden, denn es fällt deinem Sohn wesentlich leichter, Vereinbarungen einzuhalten, an denen er selbst mitgewirkt hat, als solche, die du ihm überstülpst. Das funktioniert bei Kita-Kindern gleichermaßen wie bei Schulkindern, wenn du das Gespräch altersgerecht gestaltest. Achte dabei auch darauf, dass eure Regelungen nicht zu starr sind, denn das nimmt allen Beteiligten eher Freiheit, als dass es sie schenkt. Wir kennen das doch meist aus eigener Erfahrung: Wenn wir uns mal ein paar ausschweifende Stunden mit unserer aktuellen Lieblingsserie gönnen, fällt es uns leichter, uns in anderen Momenten zu zügeln. Außerdem stellen wir nach einem Streaming-Marathon in der Regel selbst fest, dass wir den Bogen überspannt haben und uns matschig fühlen. Thematisiere solche Erfahrungen und erlaube Ausnahmen.

Versuche, dich auch tatsächlich auf Vorschläge deines Sohnes einzulassen und bleibt darüber im Gespräch. Wenn er etwa vorschlägt, direkt nach der Kita oder vor den Hausaufgaben eine Sendung anzuschauen, dann lass es auf einen Versuch ankommen. Wenn du nach einiger Zeit den Eindruck hast, dass diese Regelung für euch nicht funktioniert, sprecht darüber.

DAS STÄRKT DEINEN SOHN – INTERESSIERE DICH FÜR SEINE WÜNSCHE

Wenn dein Sohn erlebt, dass dir daran gelegen ist, seine Wünsche in eure Absprache einfließen zu lassen, fühlt er sich gesehen und ernstgenommen. Wir Eltern senden durch unsere ablehnende Haltung gegenüber dem Wunsch nach Medienkonsum und ähnlichem oft eine geringschätzende Botschaft an unsere Kinder, indem wir ihre Interessen herabwürdigen. Das verstärkt den Konflikt jedoch eher. Wenn du versuchst, wirklich zu verstehen, was deinem Sohn beispielsweise an einer Sendung oder einem Spiel gefällt, aber auch deine Bedenken klar und freundlich begründest, kann euch das in eurer Beziehung stärker machen, als ein Nein, das er von vornherein zu hören bekommt. Lebe ihm vor, wie er moderne Medien sinnvoll nutzen kann, um sich Wissen anzueignen, Projekte durchzuführen und zu lernen.

Achte darauf, die Nutzung der Medien für die Schule vom privaten Konsum zu trennen und dafür gesonderte Zeiten einzuräumen. Dein Sohn wächst in einer Zeit auf, in der ein wachsender Teil aller Berufe eng mit medialer Nutzung verbunden ist. Es ist utopisch und kontraproduktiv, ihm den gezielten Einsatz von Medien zu Lernzwecken zu verbieten. Zumal so manches von jungen Menschen erstellte Mathematik-Tutorial bessere Erklärdienste leistet, als das Schulwissen, das ihr Eltern mühevoll aus eurer Erinnerung hervorholt. Unterscheide, ob dein Sohn Medien nutzt, um sich zu informieren, kreativ zu sein und zu lernen oder ob sie echte soziale Kontakte unterbinden.

Stärkt eure Absprachen

Du hast den Eindruck, Absprachen allein reichen nicht aus? Schließt einen Vertrag über die Nutzung von Medien in eurer Familie. Wichtig ist dabei, dass Eltern und Kinder Vertragspartner auf Augenhöhe sind und das Abkommen Regelungen für alle Beteiligten enthält. So gilt beispielsweise das Handyverbot während der Mahlzeiten für alle Familienmitglieder – auch Mama oder Papa checken nicht einfach kurz ihre Nachrichten und E-Mails. Du kannst dich auch dazu verpflichten, dein Smartphone morgens so lange im Flugmodus zu lassen, bis dein Sohn in der Kita oder in der Schule ist. Schau, welche Vorschläge und Wünsche dein Sohn einbringt und was davon realisierbar ist.

EXTRA-TIPP: MEDIENZEITGUTSCHEINE BASTELN

Medienzeitgutscheine können euch dabei unterstützen, den Streit um Fernsehen, Smartphone, Tablet und Co. zu verringern. Diese kannst du altersabhängig wochen- oder tageweise für abgesprochene Medien und Inhalte ausgeben und dein Sohn kann sie nach Belieben einlösen. Das ermöglicht euch gleichsam Klarheit und Freiraum. Damit die eingelöste Zeit auch eingehalten wird, kannst du deinem Sohn beispielsweise einen Wecker stellen. Entweder malt und bastelt ihr die Gutscheine selbst oder ihr nutzt Vorlagen aus dem Internet.

Ähnlich wie bei dem Vertrag über die Hausaufgabenregelung (siehe Kapitel „Schließt Verträge“) sollte der Fokus eher auf der positiven Bestätigung liegen, wenn der Vertrag eingehalten wird, als dass Verstöße bestraft werden. Die Initiativen „Klicksafe“ und „Internet-ABC“ haben beispielsweise ein kostenloses Tool entwickelt, mit dem Familien ihren individuellen Vertrag erstellen können. Du findest das Tool unter www.mediennutzungsvertrag.de.

So erkennst du kindgerechte Medienangebote

Es gibt Möglichkeiten, die dein Gefühl in Bezug auf die Mediennutzung deines Sohns verbessern und dein Vertrauen stärken können. Achte darauf, dass er Spiele spielt, die ein Ende haben und nicht Tag und Nacht endlos verfügbar sind, wie einige Online-Spiele, die vor allem für ältere Jungen sehr interessant sind. Insgesamt spielen Jungen sehr viel häufiger Onlinespiele als Mädchen. Ein eindeutig erfüllte „Mission“ hilft deinem Sohn, das Spiel auch innerlich abzuschließen.

Sieh dir an, ob und falls ja, welche Werbung auf den Plattformen und in den Spielen gezeigt wird. Manchmal gibt es Spiele-Apps, deren Inhalt zwar unbedenklich ist, die jedoch in den kostenlosen Versionen Werbung zeigen, die nicht für Kinderaugen geeignet sind. Einigt euch dann lieber darauf, eine App zu kaufen und lass deinen Sohn etwas dazu beisteuern – entweder von seinem Taschengeld oder er verzichtet beispielsweise auf sein nächstes Eis.

Es gibt spezielle Suchmaschinen, die zu kindgerechten Inhalten leiten und kinderfreundliche Plattformen mit altersgerechten Angeboten ohne Werbung. Informiere dich außerdem über die Nutzung von Filtern und Sicherheitsprogrammen. Sprich in diesem Zusammenhang auch mit deinem Sohn über Risiken des Internets und dass er sich als Nutzer ebenfalls an Regeln halten und andere Menschen respektieren muss.

Verstöße bestrafen oder lieber nicht?

Das Problem aller Bestrafungen ist, dass sie unsere Beziehungen erschüttern und verschlechtern. In Bezug auf Medienkonsum sind Strafen ebenso problematisch wie Belohnungen, da sie Anreize unnatürlich verstärken. Wenn Medien immer und immer wieder verboten werden, wird dein Sohn früher oder später andere Wege finden, sie zu konsumieren. Wenn Bildschirmzeit als Belohnung eingesetzt wird, kann dies deinen Sohn ebenfalls darin stören, seine natürlichen Wünsche in dieser Hinsicht wahrzunehmen und zu respektieren.

Schaut dein Sohn beispielsweise eine Sendung, die er nicht sehen darf oder spielt er ein Spiel, das er nicht spielen sollte, sei froh, wenn er es von selbst anspricht. Das zeigt, dass er dir vertraut. Ärger und Strafe stören dieses Vertrauen und möglicherweise spricht er künftig nicht mehr mit dir über seine Verfehlungen, was diese jedoch keinesfalls unterbindet. Er steht höchstens allein mit seinen Erlebnissen da. Selbst wenn du deinen Sohn bei verbotenem oder überzogenem Medienkonsum ertappst und dies mit enormen Ärger oder einem Verbot sanktionierst, wird das künftige Grenzübertretungen kaum verhindern. Setze lieber darauf, dass dein Sohn dir gegenüber ehrlich bleibt und euer Vertrauen gestärkt wird, damit er bei dir Trost und Begleitung sucht, wenn er das braucht. Und jetzt mal Hand aufs Herz: Hast du als Kind nicht auch mal heimlich Dinge angeschaut, die verboten waren? Wäre es manchmal nicht besser gewesen, du hättest mit deinen Eltern über deine Erlebnisse sprechen können, als beispielsweise wochenlang Angst vor einem Poltergeist unterm Bett haben zu müssen?

Spielzeugwaffen in Kinderhänden

Schwerter, Kämpfen, Schussgeräusche – kaum etwas scheint auf Jungen eine größere Faszination auszuüben. Das betrifft vielleicht auch gerade deinen Sohn. Du hast starke Bedenken, dass du deinem Sohn falsche Signale sendest, wenn du ihm gestattest, mit Waffen zu spielen. Das kann ich gut verstehen, mir ging es nicht anders.

Als meine Söhne Babys waren, bin ich noch davon überzeugt gewesen, dieses „Waffen-Ding" irgendwie anders zu lösen. Ich wusste nicht, wie, aber gefühlt hatte ich ja auch noch ewig Zeit einen genialen Plan zu entwickeln. Sie wuchsen heran – und zwar nicht abgeschirmt von der Welt, sondern im Umfeld vieler anderer Menschen unterschiedlichen Geschlechts und Alters. Viele meiner Freundinnen haben ältere Söhne. Und wen beobachteten meine Sprösslinge, während sie noch krabbelnd auf der Spieledecke unterwegs waren? Ältere Kinder, mit Vorliebe Jungs. Einer meiner Söhne hat zwar auch eine sehr ausgeprägte Care-Seite, aber Kämpfe und Schwertschlachten fand auch er bei Größeren schon immer höchst interessant.

Was macht Menschen gewalttätig?

Irgendwann ging mir auf, dass ich mich zwar abmühen kann, Waffen zu verbieten und aus unserem Haushalt fernzuhalten. Jedoch gibt es die Kita und damit den Kontakt zu anderen Kindern, die über Waffen sprechen und das Spiel mit ihnen nachahmen. Es gibt Stöcke, Legosteine und vieles mehr, aus dem sich alles bauen lässt, und es gibt die rege Fantasie meiner Söhne.

Es stellt sich die Frage, ob mit Waffen zu spielen, bereits ausreicht, um Gewalt zu verherrlichen und einen Menschen für sein späteres Leben gewaltbereiter zu machen. Tatsächlich stecken andere Auslöser hinter starken Aggressionen und Gewalt. Dazu zählen etwa:

- Gewalterfahrungen und starke Konflikte in der Familie
- dauerhaft unbeantwortete Bedürfnisse
- soziale Benachteiligung
- geringes Selbstwertgefühl

Natürlich spielen auch Gewaltverharmlosung und Gewaltdarstellungen in Medien eine Rolle. Es ist jedoch eher wie ein Mosaik aus mehreren Komponenten zu betrachten, das sich zusammenfügen muss, ehe ein Mensch gewalttätig wird.

DAS STÄRKT DEINEN SOHN – LERNEN, KOMPETENT MIT SEINEN GEFÜHLEN UMZUGEHEN

Die beste Prophylaxe gegen gewalttätiges Verhalten ist ein gutes Selbstwertgefühl. Das schöpft dein Sohn aus den Beziehungen zu seinen Bezugspersonen und seinem Umfeld. Wenn er sich gesehen, geliebt und anerkannt fühlt, nicht kleingemacht, gegängelt und permanent abgestraft wird, wird er sich auch später mit großer Wahrscheinlichkeit selbstbewusst und stark genug fühlen, um Konflikte gewaltfrei zu lösen. Wenn alle seine Gefühle sein dürfen und er lernt, gut mit ihnen umzugehen, sie nicht zu unterdrücken, sondern sie so auszuleben, dass sie weder ihm noch anderen Menschen schaden, verfügt er über ein starkes Fundament.

Hilft ein familiäres Waffenembargo?

Kleine Jungs sind fasziniert von Rittern, Schwertern, Cowboys, „Schießgewehren" und Co. Je kleiner sie sind, desto weniger haben sie einen Begriff davon, was sie da überhaupt in den Händen halten. Geschweige denn, dass schwere Gewalt und Sterblichkeit in ihren Vorstellungsmöglichkeiten präsent sind. Wenn Kita-Kinder davon sprechen, auf jemanden zu schießen oder – wie meine Söhne es in ihrer

Wut oft tun –, drohen, mich aus dem Fenster zu schubsen, darf man das nicht wortwörtlich nehmen und mit erwachsenen Vorstellungen und Gefühlen auffüllen. Hinter ersterem steckt Spielverhalten, letzteres zeigt mir lediglich, dass mein Sohn gerade maßlos wütend auf mich ist und sich verbal Luft macht. Er besitzt entwicklungsbedingt nicht das Vorstellungsvermögen, welche Konsequenzen schwere Verletzungen und der Tod haben.

Wenn Spielzeugwaffen totales Tabu sind, suchen Jungen sich eben Stöcke oder ähnliches und lassen ihrer Fantasie freien Lauf. Bleibt also die Frage, wie wirkungsvoll ein komplettes Verbot überhaupt sein kann.

Das hilft dir, eine entspanntere Haltung zu finden

Ich beobachte, dass es meinen Söhnen im Spiel mit ihren Schwertern oder den Stöcken und Kochlöffeln, die sie zu „Schießkanonen" erklären, nicht darum geht, andere Menschen zu verletzen oder umzubringen. Sie nutzen die Möglichkeit, in andere Rollen zu schlüpfen, mal zum Fiesling, mal zum großen Retter zu werden, – je nachdem, welche Rolle sie gerade vielleicht brauchen. Ob sozial anerkannt oder nicht, alle Gefühle und ihre Spielarten gehören zur Palette des menschlichen Seins dazu – Aggressionen und Wut ebenso wie die angenehmen Emotionen. Erstere sind dabei kein Fehler und keine Auffälligkeit, es ist immer eine Frage, wie wir sie kanalisieren. Warum nicht in der Fantasie? Tun Krimi- und Drehbuchautoren nicht etwas sehr ähnliches und werden dennoch nicht zu Gewaltverbrechern?

Stellt für euren Alltag klare Regeln auf:

- Erkläre deinem Sohn, dass von echten Waffen große Gefahr ausgeht.
- Niemand darf mit einer Spielzeugwaffe verletzt oder gegen seinen Willen beschossen werden.
- Spielzeugwaffen mit echten Geschossen dürfen nie auf Lebewesen gerichtet werden.
- In einem echten Streit haben Schwerter und Pistolen nichts verloren.

- Achte darauf, dass die Waffen nicht täuschend echt aussehen.
- Bleib authentisch: Du musst nicht vorgeben, Waffen und Kämpfe zu mögen.

Behalte das Sozialverhalten und den Medienkonsum deines Sohnes im Blick. Gewaltvolle Computerspiele oder sogar Ego-Shooter sind garantiert nichts für Kinder im Vor- oder Grundschulalter. Selbst bei Jugendlichen sind sie immer noch absolut bedenklich. Mir ist natürlich bewusst, dass die Realität oft anders aussieht, – leider.

DAS ENTSPANNT DICH – SPRICH MIT ANDEREN ELTERN

Tausche dich mit anderen Eltern aus, und du wirst sehen, dass das Thema Waffen in allen Familien früher oder später dran ist. Doch auch diese Phase wird vorübergehen. Es geht nicht darum, dass du Gleichgültigkeit entwickelst und versuchst, dir etwas egal sein zu lassen, was dir nicht egal ist. Doch du kannst versuchen, das große Ganze im Blick zu haben, und das Umfeld deines Sohnes und seine anderen Interessen ebenfalls zu sehen.

Bleibt immer wieder über Waffen und Kämpfen im Gespräch. Versuche dabei ruhig und wertfrei zu erklären, was dir daran nicht gefällt und warum, ohne dabei das Interesse deines Sohnes herabzuwürdigen oder ihn zu beschämen.

DER ABEND UND DIE NACHT

Der Abend erscheint uns doch meist – ähnlich wie der Morgen – als die wahre Königsdisziplin der Elternschaft. Dein Akku ist ähnlich leer wie der deines Sohnes, der Geduld ist oftmals auf beiden Seiten bereits am Nachmittag der Atem ausgegangen, und obwohl der Feierabend schon zum Greifen nahe ist, liegt noch ein ordentliches Stück Arbeit vor euch. Der Abend mit Kind hat tatsächlich etwas von der Zielgeraden eines Marathonlaufs: Obwohl nahezu alle Reserven verbraucht sind, müsst ihr noch mal alle Kräfte mobilisieren, um auch die letzten Meter erfolgreich hinter euch zu bringen.

Halte das abendliche Chaos so gering wie möglich

Vielleicht hast du dich beim Lesen der Überschrift gefragt, wie es dir um Himmels Willen gelingen soll, Unordnung angesichts eines spielenden Kindes zu vermeiden – zu Recht. Denn das wäre ungefähr so erfolgversprechend wie der Versuch, sich die Zähne zu putzen, während man Schokolade isst. Vielmehr meine ich das zeitliche und strukturelle Chaos, das uns insbesondere abends so viel Kraft rauben kann.

DAS STÄRKT EUREN ALLTAG – NEUE GEWOHNHEITEN ETABLIEREN

Das menschliche Gehirn setzt auf Gewohnheiten, weil uns jede Entscheidung, die wir treffen müssen, Energie abverlangt: Was gibt es zum Abendessen? Um wieviel Uhr ist es Zeit für die Badewanne? Müssen wir noch aufräumen oder hat das Zeit bis morgen? Wie verbringen wir den Abend: auf dem Sofa oder auf der Gymnastikmatte? – Mit allem, was wir gewohnheitsgemäß tun, hat das Gehirn wenig Arbeit. Es spart Ressourcen ein, die im Notfall unser Überleben sichern können. Leider unterscheiden unsere grauen Zellen nicht, zwischen guten und schlechten Gewohnheiten. Sie sind wie konservative Beamte, die es gern haben, wenn alles beim Alten bleibt, selbst, wenn uns Veränderung gut tun würde. Das, was wir gemeinhin als inneren Schweinehund bezeichnen, der uns davon abhält, neue Wege zu gehen, sind Botenstoffe, die das Gehirn aussendet, wenn wir alte Muster verlassen wollen. Schließlich weiß das Gehirn nicht, ob eine Abendroutine eventuell tödliche Gefahren birgt. Weil uns alte Muster offensichtlich bis heute haben überleben lassen, möchte es lieber, dass alles so bleibt wie es ist. Sicher ist sicher. Wenn nun unser Verstand für ein paar Wochen klüger ist als unser Gehirn mit seinen trügerischen Botenstoffen, können wir bewusst neue Gewohnheiten etablieren, die unseren Alltag verbessern und entspannen. Auch wenn es uns einige Wochen etwas mehr Kraft und Disziplin abverlangt.

Alle festen Strukturen und jede Regelmäßigkeit spart Energie. Wir müssen keine Abläufe mehr planen und nicht mehr spontan über Handlungen nachdenken und entscheiden, was sich insbesondere in einem Leben mit Kind ohnehin niemals ganz ausschließen lässt. Unser Gehirn liebt Routinen und Gewohnheiten.

Achte für ein paar Tage auf eure Gewohnheiten: Gibt es feste Zeiten für Abläufe wie Abendessen, Waschen, Umziehen und Vorlesezeit oder findet alles meistens spontan statt? In der Regel sind Kinder ziemliche Gewohnheitstiere, sie brauchen ein bestimmtes Maß an Schlaf, werden zu ähnlichen Zeiten hungrig und müde usw. Natürlich verändern sich diese Zeiten im Laufe der Entwicklung deines Sohnes immer wieder, doch alle Lebensphasen habe ihre Regelmäßigkeiten, die euch Orientierung und Struktur geben können.

Wenn beispielsweise ab 19 Uhr bei deinem Sohn gar nichts mehr geht, er nörgelig und müde ist und bei jeder Kleinigkeit in Tränen ausbricht, ist es müßig, ihm dann noch halbwegs entspannt ein Abendbrot anbieten zu wollen oder ihn dazu zu bewegen, sich zu waschen oder aufzuräumen. Verschaffe dir einen Überblick über die Dinge, die abends zu erledigen sind, und plane ausreichend Zeit dafür ein. Je schwerer es deinem Sohn fällt, abends noch genug Kraft für Pflichten aufzubringen, desto mehr solltest du diesen Zeitraum „verschlanken".

Ihm fehlen abends Energie und Konzentration, seine Schultasche zu packen? Gewöhnt euch an, das direkt nach den Hausaufgaben am Nachmittag zu erledigen. Er hat vor dem Schlafengehen keine Lust, aufzuräumen? Schaut, ob ihre andere Regelungen findet. Möglicherweise räumt er einen Teil seiner Spielsachen direkt nach der Benutzung weg und ihr einigt euch darauf, dass es in Ordnung ist, gewisse Dinge einfach bis zum nächsten Tag liegen zu lassen.

DAS ENTSPANNT DICH – VERSUCHE NICHT, PERFEKT ZU SEIN

Wir Frauen neigen oft zum Perfektionismus. Doch der hat oft einen ziemlich überteuerten Preis. Wir wünschen uns eine saubere und aufgeräumte Wohnung, ordentlich gefaltete und gebügelte Wäsche, ausreichend Zeit mit unseren Kindern und Partnern, aber auch noch genug Gelegenheiten, uns zu entspannen und unseren Interessen nachzugehen. Doch regelmäßig bleibt genau Letzteres bei unseren Bemühungen, unsere selbstgesteckten Ziele und Maßstäbe zu erreichen, auf der Strecke. Oft sparen wir zu allererst bei der Erfüllung unserer eigenen Bedürfnisse. Anstatt uns zu entspannen, putzen wir abends die Küche, bekämpfen Wäscheberge oder Unordnung. Ich kann verstehen, dass es leichter fällt, in einer aufgeräumten Wohnung zu entspannen, doch bleibt für das Ausruhen nach allen abgearbeiteten Aufgaben zumeist keine Zeit mehr und wir bringen uns so lange immer wieder selbst um unsere Pausen und Erholungszeiten, bis wir vollkommen erschöpft und ausgebrannt sind. Das einzige, was wirklich hilft, ist, unser Ruhebedürfnis ernst genug zu nehmen, endlich um mehr Unterstützung zu bitten und ein gewisses Maß an Unordnung und Unvollkommenheit endlich zu akzeptieren. Denn diese inneren Schritte wird uns niemand abnehmen. Am Ende ist aber unsere Kraft und Gesundheit wichtiger als eine glänzende Küche.

Erstellt einen Plan, der zu euch passt

Für die abendlichen Routinen könnt ihr gemeinsam einen Plan erstellen. Am besten einen, der deinem Sohn auch visuell zu erfassen hilft, was ansteht und was zu erledigen ist, so dass er die einzelnen Punkte wie Abendbrot essen, Waschen, Schlafanzug anziehen usw. überschauen und abhaken kann. Anregungen dafür findest du im Kapitel „Körperpflege ist kein Kinderspiel“ als „Extra-Tipp: Arbeite mit einer Checkliste“.

Je schwieriger es für deinen Sohn ist, sich abends noch zu konzentrieren, desto mehr kannst du auf die immer gleichen Abläufen und regelmäßige Uhrzeiten achten. Das hilft auch dir, entspannter zu bleiben, weil du nicht immer wieder neue Entscheidungen treffen musst.

Verteilt Aufgaben wirklich gerecht

Teil dir die Aufgaben mit deinem Partner auf: Einer kümmert sich um die Kinder und sorgt dafür, dass sie sich waschen und umziehen. In dieser Zeit kann der andere beispielsweise das Abendessen vorbereiten und schon ein wenig aufräumen. Wenn ihr nicht immer für die gleichen Dinge zuständig sein möchtet, wechselt euch ab. Es spricht nichts dagegen, dass auch ihr euch einen Plan macht, wer wann für welche Aufgaben zuständig ist. Das hilft euch, den Überblick zu bewahren und schafft Klarheit.

! EXTRA-TIPP: AUFGABEN ERFASSEN UND GERECHT VERTEILEN

Die meisten Frauen werden es kennen: Sie haben im Kopf, was alles zu tun und zu organisieren ist, damit das Familienleben und der Haushalt nicht zusammenbrechen, der Partner hat ein paar feste Aufgaben und erledigt Weiteres auf Zuruf. Für all diese Aspekte, die in der Regel Mütter im Kopf haben, wurde in den vergangenen Jahren ein neuer Begriff geprägt: Mental Load.

Der Sohn braucht neue Gummistiefel, ein Zahnarzttermin muss vereinbart werden, die Fenster sind schmutzig, der Nachbarsjunge feiert Kindergeburtstag – ein Geschenk muss her. Der weibliche Kopf ist beladen mit Dingen, an die es zu denken gilt. Das erschöpft nicht nur ungemein, es frustriert auch ungemein, dass diese scheinbar unsichtbaren Aufgaben, alle in der Verantwortung der Frau liegen und schlichtweg nicht erfüllt würden, wenn sie sie nicht übernehmen würden. Das einzige, was hilft, ist klare Kommunikation: Gemeinsam aufschreiben, welche Tätigkeiten regelmäßig anfallen und dann verteilen – zum Beispiel nach Gebieten: Wer übernimmt den Einkauf, wer ist für Arztbesuche inklusive der Terminvereinbarung zuständig und wer für passende Kinderkleidung und Geburtstagsgeschenke? Vielleicht fällt es einigen Frauen nicht ganz leicht, gewisse Gebiete abzugeben, weil sie befürchten, dass sie dann nicht nach ihren Vorstellungen erfüllt werden würden. Doch sind Loslassen und Akzeptanz, dass der Partner Aufgaben auf seine Weise erledigen wird, die einzigen Weg, die wirklich zu Entlastung führen.

Viele Familien essen abends gemeinsam eine warme Mahlzeit, weil die Eltern vorher arbeiten, nicht zum Kochen kommen oder selbst noch nichts Warmes gegessen haben. Wenn du oder dein Partner ebenfalls das Bedürfnis habt, abends warm zu essen, die Zubereitung der Mahlzeit aber regelmäßig in Stress ausartet, weil noch so viele andere Dinge zu erledigen sind und euer Sohn nörgelig ist und Aufmerksamkeit braucht, spricht nichts dagegen, vorzukochen. Wenn ihr das Essen nur noch erwärmen müsst, bleibt mehr Raum für andere Dinge. Dafür kann einer von euch das Essen vorbereiten, wenn euer Sohn im Bett ist. Auch hier könnt ihr euch abwechseln.

Lass auch mal los

Wir Frauen neigen dazu, Aufgaben zu „hamstern“, uns zwar Unterstützung und gerechte Aufteilung zu wünschen, doch halten wir selbst oft das Modell aufrecht, dass beispielsweise 70 Prozent der Kindererziehung oder des Haushalts auf unseren Schultern liegen. Die Gründe dafür sind unterschiedlich. Es sind alte Rollenbilder, in denen wir verhaftet sind, die uns trotz moderner Prägung auch heute noch beeinflussen. Viele Frauen haben Schuldgefühle, wenn sie gewisse Aufgaben bezüglich der Kinder oder des Haushalts nicht selbst übernehmen und befürchten, dann keine ausreichend gute Mutter oder Ehefrau zu sein. Wieder andere empfinden es so, dass die Leistungen des Partners auf den Gebieten der Erziehung oder des Familienmanagements einfach nicht gut genug sind.

So setzt sich in vielen Familien trotz zeitgemäßer Ansichten eine unausgewogene und eher traditionelle Verteilung der Verantwortlichkeiten durch und Frauen übernehmen von sich aus einen Großteil der Aufgaben. Das kann unterschwellig sehr frustrieren, für Streit in der Partnerschaft sorgen und extrem auslaugen.

Verschafft euch einen Überblick und mischt die Karten neu

Wirksam ist, sich die Gesamtsituation bewusst zu machen: Wer arbeitet wie viel? Welche Aufgaben stehen an? Und wer ist mit einem Großteil der sogenannten Care-Arbeit in der Familie befasst? Davon ausgehend kann neu diskutiert und verteilt werden. Doch müssen wir Frauen tatsächlich die Bereitschaft aufbringen, uns selbst zu fragen, warum wir wirklich so viele Aufgaben auf uns nehmen und gegebenenfalls schauen, warum es uns tatsächlich schwerfällt, einen Teil davon abzugeben. Ziehen wir beispielsweise einen Teil unseres Selbstwerts aus der Erfüllung unseres eigenen Leistungsanspruchs? Trauen wir dem Partner nicht zu, es uns recht zu machen? Wenn wir uns über unsere Beweggründe klar werden, gut miteinander ins Gespräch kommen und gemeinsam Pläne erstellen, haben wir großartige Chancen auf ein entspannteres Familienleben.

Hygiene am Abend

Kein Junge ist wie der andere. Ich lebe mit zwei Exemplaren zusammen, die exakt gleich alt sind und verschiedener nicht sein könnten. Während der eine eigentlich stets bereitwillig ins Bad geht und sich die Zähne putzt, artet mit dem anderen schon jede Aufforderung zum Händewaschen in mittelschwere Verhandlungen und Krisen aus.

Individuelle Lösungen sind die besten

Bei unserem Waschmuffel macht es dann tatsächlich die Mischung. Es ist sehr wirkungsvoll, ihm ein wenig Spielraum zu lassen. – Auch wenn sich mir die Nackenhaare aufstellen, wenn er sich nicht direkt, nachdem er von draußen reingekommen ist, die Hände wäscht. Wenn er vorher entscheiden darf, beispielsweise zuerst seine Autos im Kinderzimmer zu parken und ich ihn dann noch einmal freundlich daran erinnere, klappt es meistens. Bei ihm erlebe ich auch, wie wichtig das Umfeld ist: Wenn der Bruder, mein Mann und ich uns konstant an den Ablauf halten, fällt es ihm leichter, das auch zu tun. Außerdem achte ich darauf, ihm positive Rückmeldung zu geben, wenn er tut, worum ich ihn gebeten habe. Das muss kein überschwängliches Lob sein, ein kleines Nicken, ein Blick in seine Augen, ein Lächeln und ein Danke reichen vollkommen aus, damit er registriert, dass ich seine Bereitschaft wahrnehme. Wenn ich mich zu Zeiten voller Reibereien immer wieder auf diese kleinen Erfolge fokussiere, verzieht sich die dicke Luft ziemlich schnell.

Noch schnell durch die Wanne

Die allermeisten Kinder lieben Wasser. Ein warmes Bad am Abend kann Teil eines Abendrituals sein. Es kann entspannen und die ansonsten nörgelige Zeit bis zum Schlafengehen überbrücken. Dazu reicht oftmals schon das Bad in einer verhältnismäßig kleinen Wasserpfütze in der Dusche aus. Doch was ist, wenn dein Sohn entweder keine Lust hat oder schlussendlich mal wieder das komplette Badezimmer flutet, ungeachtet deiner Ermahnungen?

EXTRA-TIPP: BADEWANNENKINO

Dein Sohn hat überhaupt keine Lust, baden zu gehen oder sich zu waschen? Verlege die abendliche Folge der aktuellen Lieblingsserie – so diese in eurer Familie üblich ist – ins Badezimmer. Stell das Tablet oder den Laptop an einen trockenen, spritzgeschützten Ort und lass deinen Sohn seine Lieblingssendung schauen, während er badet oder du ihn wäschst. Solche Ausnahmen können angespannte Situationen auflockern und sind absolut unbedenklich, wenn sie eine Besonderheit bleiben und kein permanentes Bestechungsmittel werden. Wir Mamas dürfen uns ruhig öfter mal das Leben leichter machen und ein wenig tricksen. Wenn dein Sohn abends keine Medien konsumieren soll, probiere, ob das Ganze auch mit Vorlesen oder einer erzählten Geschichte funktioniert.

Wenn einer meiner Söhne das Baden verweigert, zwinge ich ihn nicht dazu. Ich hätte rein körperlich ohnehin keine Chance, ihn in die Wanne zu bekommen oder darin zu halten. Doch viel wichtiger finde ich seine körperliche Integrität: sein Körper, seine Entscheidung – zumindest im Rahmen seiner Möglichkeiten. Wenn er sich komplett verweigert, suchen wir einen Kompromiss. Manchmal lässt er sich schnell abduschen, an anderen Abenden gibt es eine Ganzkörperwäsche mit dem Waschlappen. Wenn ich nicht permanent Druck ausübe, klappt es in der Regel besser.

So werdet ihr allen Bedürfnissen gerecht

Wenn meine Söhne zu zweit in der Badewanne sitzen, geht es regelmäßig mit ihnen durch und das Wasser spritzt in alle Richtungen – auch auf unseren Holzfußboden. Dass dieser Wasser nicht so gut verträgt und dennoch im Badezimmer gelandet ist, war die wenig weitsichtige Entscheidung meines Mannes und mir. Ich erkläre den Kindern, warum ich keine Überschwemmung wünsche, doch meistens interessiert sie das herzlich wenig, weil Planschen eben so viel Spaß macht. Es passiert mir hin und wieder, dass ich dann laut werde. Das Ergebnis: Wir haben alle schlechte Laune und verbringen den Rest des Abends mit einem doofen Gefühl.

DAS ENTSPANNT DICH – TAUSCHT EINGEFAHRENE ROLLEN

Es gibt Situationen, die sich automatisch entspannen, wenn du einen Schritt zurückgehst und deinem Partner den Vortritt lässt – auch wenn dir das nicht immer leicht fällt. Wenn ich meinen Söhnen die Haare wasche, artet das regelmäßig in eine mittelschwere Krise aus. Ich habe einfach kein Händchen dafür. Wenn mein Mann das allerdings übernimmt, gibt es nie Geschrei oder Tränen, im Gegenteil: Die Kinder haben sogar noch Spaß daran, weil Papa ein kleines Abenteuer daraus macht und immer die richtigen Worte und Ideen findet. Oft setzt er zum Beispiel den Jungs eine Taucherbrille auf und legt sie so auf einen Schwimmreifen, dass kein Schaum in ihre Gesichter laufen kann. Klingt umständlich? Ist auf Dauer aber entspannter als Kämpfe und Gebrüll.

Wesentlich besser funktioniert es bei meinen Söhnen von je her, ihnen erlaubte Alternativen aufzuzeigen, statt ständig Verbote aufzustellen, Pädagogen sprechen hier von der Schaffung einer so genannten „Ja-Umgebung“. In der Praxis sieht das so aus: Ich deponiere ausreichend

Handtücher vor der Badewanne, um den Boden zu schonen. Ich zeige den Kindern, dass sie mit ihren Wasserpistolen und ihren Schöpflöffeln Wasser gegen die Fliesen an der Wand schießen können, wo nichts auf den Fußboden, sondern alles zurück in die Wanne läuft.

Wenn die Badetiere dann zu wild ins Wasser eintauchen, versuche ich, nicht dagegen zu wettern, sondern ich frage, ob der Dino oder die Ente vielleicht auch ganz langsam und vorsichtige eintauchen können, weil sie sonst das Seeungeheuer aufwecken. Natürlich solltest du dabei kein Bild wählen, dass deinem Sohn Angst einjagt. Meistens lassen sich meine Söhne auf diese Spiele ein. An anderen Tagen zähle ich auf die Saugfähigkeit der Handtücher und freue mich über saubere Kinder.

Zu Problemen mit dem Zähneputzen sieh dir auch die Tipps aus dem Kapitel „Körperpflege ist kein Kinderspiel“ an.

Auspowern und herunterfahren

Wenn dein Sohn dazu neigt, abends noch einmal richtig miese Stimmung zu bekommen – und das ist bei den meisten Kindern der Fall, weil schlichtweg ihre Akkus leer sind – kann es helfen, noch einmal eine Runde zu toben. Dann sollte allerdings ausreichend Zeit sein, um danach wieder ein wenig herunterzufahren.

Lockt Glückshormone hervor

Kitzeln, Rangeln, auf dem Bett hüpfen, sich verstecken und gegenseitig erschrecken, kann wahre Wunder gegen schlechte Laune wirken und die Stimmung bei allen noch einmal anheben – auch bei uns Eltern. Wir lachen, wir erfahren körperliche Nähe, das Gehirn schüttet Glückshormone aus und wir powern uns noch einmal so richtig aus. Achte dabei darauf, den Zenit nicht zu überschreiten. Wenn dein Sohn erfahrungsgemäß anschließend viel zu aufgedreht ist, beginne lieber etwas früher damit, Ruhe einkehren zu lassen. Zum Runterfahren eignet sich beispielsweise, ein Buch gemeinsam zu lesen.

Wenn ihr noch ein paar Minuten miteinander getobt habt, hat dein Sohn seine überschüssige Energie abgebaut und sich gleichzeitig entspannt und innerlich Kraft aus der gemeinsamen Zeit mit Mama oder Papa gezogen, – oftmals ein perfekter Teil des Tagesabschlusses, selbst wenn es uns Erwachsenen manchmal im ersten Moment nicht ganz leicht fällt, uns noch einmal aufzuraffen. Doch die Motivation wird in der Regel mit sofortiger Stimmungsverbesserung belohnt.

DAS STÄRKT EUREN ALLTAG – MACHT ANZIEHEN ZUM KINDERSPIEL

Dein Sohn ist zu hibbelig, um sich umzuziehen oder umziehen zu lassen? Mach ein Spiel daraus. Er zieht ein Kleidungsstück aus, dann flitzt er eine Runde durch die Wohnung, entweder einfach so oder mit einem Auftrag: Bring dein Kuscheltier mit oder ähnliches. Dann kommt er so schnell wie möglich zurück und zieht das nächste Kleidungsstück aus, bzw. an, wenn ihr schon beim Schlafanzuganziehen angekommen seid. So wird aus der lästigen Pflicht ohne großen Aufwand ein lustiges Tobespiel. Behalte allerdings im Blick, ob deinem Sohn diese Art von Aktivität am Abend noch guttut oder ob sie ihn zu sehr aufwühlt.

Reflektiere euren Tag

Wenn dein Sohn abends dazu neigt, aufgedreht und unruhig zu sein, verschaffe dir einmal einen Überblick über euren Tagesablauf: Wie viel Bewegung und frische Luft hat er für gewöhnlich? Macht er vielleicht noch einen Mittagsschlaf, den er eigentlich nicht mehr braucht? Zu welchen Zeiten und wie lange nutzt er welche Medien? Vielleicht fallen dir Punkte auf, mit denen du experimentieren kannst, um euren Tagesabschluss zu entspannen. Wenn es nach dem Abendessen immer Stress mit dem Umziehen gibt, probiere aus wie es ist, wenn dein Sohn sich vorher den Schlafanzug anzieht. Oft sind es nur kleine Veränderungen, die du vornehmen musst, um eine große Wirkung zu erzielen.

In dem Abschnitt „Entspannung- und Aktivierungsübungen“ findest du kurze Achtsamkeits- und Entspannungsübungen. Auch diese kannst du in eure Abendroutine integrieren, um deinem Sohn dabei zu helfen, ruhiger zu werden.

Schließt den Tag friedlich ab

Kein Tag ist wie der andere – erst recht nicht in Familien. Es gibt immer Ereignisse und Stimmungen, die sich nicht vorhersagen lassen. Routinen und Rituale bieten hier allen einen sicheren und beruhigenden Rahmen – insbesondere Kindern. Finde heraus, welche kleinen Bausteine euch zu einem friedlicheren Abend verhelfen.

Wenn es deinen Sohn nicht aufwühlt, spricht nichts dagegen, ihn beispielsweise abends eine Kindersendung anschauen zu lassen, während du die Küche aufräumst, dich um ein jüngeres Geschwisterkind kümmerst oder Vorbereitungen für den nächsten Tag triffst. Lies danach ein Buch vor, erzähle eine Geschichte oder singt gemeinsam ein Gutenachtlied. Als Kind habe ich immer noch gemeinsam mit meiner Mama ein kleines Gebet gesprochen – unabhängig vom Glauben kann dies einfach ein schönes Ritual sein, das das Ende des Tages markiert.

Selbst wenn es rummelig war oder ihr viel gestritten habt, lasst diese Stimmungen gemeinsam hinter euch. Sprecht über das, was passiert ist und wie es euch damit ging, und dann pustet symbolisch den Streit aus dem Fenster, um loszulassen. Redet über alles, was euch beschäftig. Jeder kann zum Beispiel erzählen, was er an diesem Tag blöd fand und was ihm besonders gefallen hat. Wenn ihr diese Reihenfolge einhaltet, schließt ihr den Tag mit schönen Erinnerungen, verarbeitet aber auch die weniger angenehmen. Unterhaltet euch auch kurz darüber, was am nächsten Tag ansteht und welche Termine oder Pläne ihr habt. Das macht den Alltag für deinen Sohn kalkulierbarer und gibt ihm Sicherheit. Außerdem hast du so automatisch präsent, was der kommende Tag für euch bereithält.

Ein schönes Abendritual kann auch sehr wirksam sein, wenn dein Sohn nach dem Abendessen den Weg ins Bett nicht findet. Kaum ein Kind kann widerstehen, wenn am Ende des Tages noch eine kleine gemeinsame Zeit mit Mama oder Papa, einer Runde Vorlesen und Kuscheln steht.

Vergiss bitte nicht, nach dem herausfordernden Endspurt, den ein Abend mit Kind bedeutet, für deine eigene Erholung zu sorgen.

Schluss für heute, ab ins Bett – und bleib dort

Ihr habt euer Abendprogramm mit all seinen Herausforderungen hinter euch und dein Sohn liegt endlich im Bett. Jetzt muss er eigentlich nur noch einschlafen und du hast Aussicht auf Feierabend. Was so einfach klingt, ist in vielen Familien der letzte große Kampf, der dann Nerven fordert, wenn eigentlich längst keine mehr übrig sind.

Dein Sohn findet vielleicht einfach nicht in den Schlaf, er ist unruhig, redet ohne Unterlass, ruft dich immer und immer wieder in sein Zimmer oder steht im Fünf-Minuten-Takt in der Wohnzimmertür. Verständlicherweise nervt dich das, weil jetzt eigentlich endlich mal Zeit für deine Interessen oder für dich und deinen Partner sein sollte.

Mittagsschlaf streichen oder früher beenden

Bei der Ergründung möglicher Ursachen für die Einschlafprobleme spielt es eine Rolle, wie alt dein Sohn ist. Macht er noch einen Mittagsschlaf, den er in Hinsicht auf seinen gesamten Schlafbedarf nicht mehr braucht und der den Tag regelmäßig in die Länge zieht wie Kaugummi? Versuche, ihn ohne Mittagsschlaf, sondern nur mit einer Ruhepause über den Tag zu bringen. Wenn es in eurer Kita zu Routine gehört, dass kleinere Kinder schlafen, sprich mit den Erziehern und schaut, ob ihr eine Lösung finden könnt, etwa das Schläfchen zu verkürzen.

Lass dich nicht entmutigen, wenn die Umstellungen einige Zeit in Anspruch nimmt. Bis sich nach einer Veränderung der Schlafgewohnheiten eine sichtliche Besserung einstellt, können auch mal 14 Tage vergehen. Das kennst du vielleicht von dir selbst im Kontext mit den Zeitumstellungen im Frühling und im Herbst. Der Organismus muss sich erst an den neuen Rhythmus gewöhnen. Es ist auch gut möglich, dass dein Sohn zunächst mit Gereiztheit und schlechter Laune auf die Umstellung reagiert, aber auch das gibt sich mit der Zeit, wenn sein Schlafrhythmus sich angepasst hat.

Du kannst außerdem probieren, ihn morgens eher zu wecken und ihn dementsprechend früher in den Mittagsschlaf zu schicken, sollte er ihn wirklich noch brauchen. Wenn das mit dem Mittagessen kollidiert, ist es vielleicht eine Lösung, dieses erst nach dem Schlaf anzusetzen. Derartige Übergangsphasen sind oft anstrengend und nervig, doch müssen wir uns immer wieder den altbekannten Spruch in Erinnerung rufen: Es ist nur eine Phase. Und Phasen gehen erfahrungsgemäß irgendwann vorbei.

Kindlichen Redebedarf stillen

Wenn der Mund deines Sohnes abends einfach nicht stillstehen will, hat er ganz offensichtlich einfach noch Redebedarf. Er muss den Tag verarbeiten – und das am liebsten gemeinsam mit dir, weil du seine engste Bezugsperson bist. Möglicherweise nutzt er sein Mitteilungsbedürfnis auch unbewusst, um noch Zeit mit dir verbringen zu können, die er braucht, um sich wohl und sicher zu fühlen.

Ein gemeinsames Ritual, bei dem ihr den vergangenen Tag besprecht und reflektiert, kann deinem Sohn helfen, zur Ruhe zu kommen. Macht es euch gemeinsam gemütlich und lass deinen Sohn über das sprechen, was ihn beschäftigt. Er kann seine Gedanken auch einem Kuscheltier oder einem Sorgenpüppchen erzählen, wenn er nicht mit dir direkt darüber sprechen möchte. Wenn ihr gemeinsam einen Weg findet, den Tag verbal zu verarbeiten, lernt dein Sohn automatisch, Erlebnisse aktiv zu verarbeiten und das Gespräch als Strategie einzusetzen.

Du kannst aber auch einmal darauf achten, ob es seine Aufgewühltheit im Zusammenhang mit Mediennutzung am Abend steht und ob ihr diese auf einen früheren Zeitpunkt am Tag verlegt.

DAS ENTSPANNT DICH – ZIEHT ABENDGESPRÄCHE NACH VORN

Wenn dein Sohn abends einen enormen Mitteilungsbedarf hat, könnt ihr auch bereits früher anfangen, über die Ereignisse des Tages zu sprechen: beim Abendessen, im Badezimmer oder während er den Schlafanzug anzieht. Verknüpft diese Punkte miteinander. Auch wenn diese Gespräche dich im ersten Moment stressen, weil sie scheinbar deine Zeit und Energie in Anspruch nehmen, wenn du müde und abgespannt bist, können sie dennoch zu einer schönen gemeinsamen Gewohnheit werden, zu gemeinsamer Qualitätszeit, die auch dich ein wenig das Tempo des Tages drosseln lässt.

Selbstbestimmtes Einschlafen

Du hast alles geprüft: Dein Sohn bekommt am Tag ausreichend Bewegung, hat mit Mittagsschlaf keine Verträge mehr, konsumiert Medien in einem Maße, die seinem Alter und seiner Persönlichkeit entsprechen und doch dauert es abends Stunden, bis er einschläft. Er ist offenbar tatsächlich noch nicht müde genug, um zu schlafen.

Du kannst dich auf ein Experiment einlassen, das viele Eltern erst einmal aus Prinzip ablehnen, weil sie befürchten, dass ihr Nachtwuchs dann regelmäßig die Nacht zum Tag macht und Morgen für Morgen unausgeschlafen in die Kita oder in die Schule geht: selbstbestimmtes Einschlafen.

Bevor du jetzt sofort die Hände über dem Kopf zusammenschlägst und weiterblätterst, lass dir sagen, dass es auch hierbei Regeln und Rahmenbedingungen gibt, die ihr vereinbart.

- Bis dein Sohn sich tatsächlich müde genug zum Schlafen fühlt, spielt er leise in seinem Zimmer. Denn das Ganze ist ja auch dafür gedacht, dass du deine Zeit für dich oder mit deinem Partner bekommst.

- Wichtig ist, dass dein Sohn währenddessen keine Medien nutzt, die ihn künstlich wachhalten, also dass alle Arten von Bildschirmen aus seinem Zimmer verbannt sind.
- Wenn Hörspiele ihn nicht zu sehr fesseln und aufwühlen, ist nichts dagegen einzuwenden, wenn er noch einer Geschichte lauscht.
- Auch Bücher sind eine gute Möglichkeit, um zu entspannen und die nötige „Bettschwere" zu finden.

Möglicherweise schlägt dein Sohn an den ersten zwei, drei Abenden eures Experiments aus Begeisterung über die Selbstbestimmtheit etwas über die Stränge und ist am nächsten Morgen tatsächlich ziemlich müde. Startet den Versuch an einem Freitagabend, das Wochenende nimmt euch den Druck, am nächsten Morgen früh fit sein zu müssen. Sehr wahrscheinlich wird sich das schnell einspielen, denn Kinder haben in der Regel einen guten Zugang zu ihrem Körpergefühl – und damit auch zu ihrer Müdigkeit. Wenn sich dieser Weg für euch stimmig anfühlt, bietet er eine Möglichkeit, dass dein Sohn zu einem intuitiven Schlafverhalten findet, das seinen körperlichen Bedürfnissen entspricht. Darüber hinaus bietet dieses Experiment ihm einmal die Möglichkeit, tatsächlich zu erfahren wie es ist, morgens schwer aus dem Bett zu kommen, weil der Abend zu lang war. Naturgemäß müssen wir Menschen viele Dinge erst tatsächlich einmal erleben, um sie nachvollziehen und in unsere Lebensrealität integrieren zu können. Sonst haben wir nie eine wirkliche Ahnung, wovon unser Gegenüber spricht.

EXTRA-TIPP: ENTSPANNUNGSÜBUNG FÜR DEINEN SOHN

Suche gemeinsam mit deinem Sohn einen runden Aufkleber aus mit einem Motiv, das ihm gefällt. Klebe diesen Aufkleber an die Decke über dem Bett deines Sohnes. Nun soll er sich darin üben, diesen Punkt jeden Abend vor dem Einschlafen für ein paar Minuten mit den Augen zu fixieren. In dem Moment, in dem er sich nur auf den Aufkleber konzentriert, entspannt er sich. Von Tag zu Tag wird es ihm leichter fallen, sich während dieser Übung zu entspannen und vielleicht schläft er bereits dann dabei ein. Nach einiger Zeit ist dein Sohn in der Lage, sich unabhängig von seinem Aufkleber auch woanders durch einen Blick ins Leere oder auf eine Stelle im Raum schnell zu entspannen. Auch autogenes Training für Kinder oder kindgerechte Traumreisen können deinen Sohn dabei unterstützen, abends zur Ruhe zu kommen.

Einschlafbegleitung: gemeinsam in den Schlaf finden

Wenn dein Sohn abends immer wieder sein Zimmer und allen möglichen Vorwänden verlässt oder dich alle paar Minuten zu sich ruft, kommt es dir vermutlich so vor, als wolle er einfach noch ein wenig Zeit des Wachseins für sich rausschlagen. Doch steckt hinter diesem anstrengenden Hin und Her ein anderes Bedürfnis – nämlich das nach Nähe.

DAS ENTSPANNT DICH – DU DARFST SELBST ENTSCHEIDEN

Wenn du strikt gegen Einschlafbegleitung bist, kannst du dich einmal fragen, ob es tatsächlich deinen eigenen Werten und Vorstellungen entspricht, dass dein Sohn alleine in seinem Zimmer in den Schlaf finden soll, oder ob diese Ansicht deiner eigenen Erziehung und Prägung entstammt. Du bist jetzt die Erwachsene, du darfst dich davon freimachen und entscheiden, was für eure Familie am besten ist. Was sind deine Sorgen und Befürchtungen, wenn du deinen Sohn in den Schlaf begleitest und was genau nervt dich daran? Prüfe, ob diese Ängste wirklich berechtigt sind und entscheide gegebenenfalls neu.

Bereits an anderen Stellen dieses Buches habe ich beschrieben, dass große Teile des menschlichen Verhaltens trotz unseres modernen Lebens noch wie in der Steinzeit funktionieren. Insbesondere Kinder sind mit ihren Urinstinkten noch sehr in der frühen Menschheitsgeschichte verhaftet. – Und damals war es eben lebensbedrohlich und unnatürlich, irgendwo alleine zu schlafen, für Säuglinge ohnehin, aber auch für ältere Kinder und Erwachsene.

Darüber hinaus ist es auch eine moderne Erscheinung, dass wir in den westlichen Industrieländern in der Regel unsere Kinder in separaten Betten oder Räumen schlafen lassen, bzw. dies von ihnen erwarten. Der menschlichen Natur entspricht es nicht unbedingt und der kindlichen schon gar nicht, – auch wenn es Ausnahmen gibt. Gemeinsames Schlafen und Einschlafen bedeutet Nähe, Bindung und Sicherheit, auch wenn keine Raubtiere vorm Kinderzimmer warten. Viele Eltern haben die Befürchtung, dass ihre Kinder niemals lernen werden, alleine in den Schlaf zu finden, wenn sie sie in Kinderjahren lange in den Schlaf begleiten. Ich persönlich habe allerdings noch nie von einem 16-Jährigen gehört, der von seinen Eltern in den Schlaf begleitet werden wollte oder nachts in deren Bett kam. Im Gegenteil, diese Bedürfnisse legen sich von selbst bereits viel früher.

Wenn eure Einschlafbegleitung sich jeden Abend in die Länge zieht, ist das natürlich auch ein Nervfaktor. Prüfe anhand der Punkte des vorherigen Abschnitts, was deinen Sohn eventuell aufwühlt und ob er tatsächlich schon müde genug zum Schlafen ist.

Oft hilft uns in solchen Situationen ein sogenannter Perspektivwechsel. Im Neurolinguistischen Programmieren (NLP) spricht man auch vom Reframing: Man betrachtet einen Aspekt in einem neuen Zusammenhang. Mach dir klar, dass dieser Zeitraum, in dem dein Sohn dich zum Einschlafen braucht, vorübergehen wird und dass er eine Möglichkeit ist, ihm jetzt die Sicherheit und Nähe zu geben, die er braucht. Vielleicht gelingt es dir so, eine Sichtweise zu finden, die dir hilft, die Einschlafbegleitung als gemeinsame Zeit zu genießen, in der auch du abschaltest und durchatmest. Und ja: Es wird immer Abende und Phasen geben, in denen dich das nervt und das ist auch berechtigt. Doch am Ende sind diese Phasen meist schneller vorbei als wir annehmen, wenn wir mittendrin stecken.

Je mehr du in solchen Kräfte zehrenden Situationen in den inneren Widerstand gehst, desto anstrengender wird es für dich. Bei allem, was dich nervt und aufwühlt, sollte der erste und entlastendste Schritt immer der sein, anzunehmen, was ist. Diese Sätze helfen dir dabei:

- „Es ist gerade nun mal, wie es ist."
- „Auch das wird vorüber gehen, so wie viele andere anstrengende Phasen meines Mamalebens schon vorüber gegangen sind."

Ebenfalls total hilfreich ist, sich die Einschlafbegleitung mit dem Partner zu teilen und sich Abend für Abend abzuwechseln. Je früher ihr diese Praxis im Leben eures Sohnes etabliert, desto besser wird er sie annehmen, denn auch Väter haben gute Möglichkeiten, Babys und kleine Kinder zu beruhigen – wenn Mütter sie lassen.

Gemeinsam mit Geschwistern schlafen

Je nach Altersabstand und geschwisterlicher Beziehung kann irgendwann auch ein Geschwisterbett die elterliche Einschlafbegleitung ablösen. Oftmals teilen sich Geschwister ohnehin platzbedingt ein Zimmer, warum es nicht einmal mit einem gemeinsamen großen Bett oder einem Matratzenlager versuchen?

Die Vorteile eines breiten, nicht allzu hohen Bettes sind die folgenden:

- Die Kinder liegen nebeneinander, sie profitieren also gegenseitig von der körperlichen Nähe.
- Ein flaches Bett ermöglicht es ihnen, nachts das Bett eigenständig zu verlassen und ins elterliche Schlafzimmer zu tapsen, falls sich Sehnsucht oder schlechte Träume breitmachen.
- Ihr könnt darin alle gemeinsam kuschelig ein Buch zum Einschlafen lesen.

Natürlich laden große Geschwisterbetten und Matratzenlager zum gemeinsamen Toben ein. Entweder ihr integriert das Hüpfen und Springen zum Auspowern in eure Abendroutine oder ihr vertraut darauf, dass es sich mit der Zeit von selbst gibt.

Dein Sohn kommt nachts ins Elternbett

Steht deinem Sohn die Tür ins elterliche Schlafzimmer offen, oder nicht? Auch das ist wieder Thema, das sowohl im wahren Leben als auch im Internet für viele Diskussionen sorgt. Es ist schlicht und ergreifend die Entscheidung eurer Familie, ob ihr eure Betten teilt und wie lange, oder ob ihr es nicht tut.

Nervt dich der nächtliche Besuch? Dann frage dich, warum. Bist du einfach ein Mensch, der gerne alleine schläft, oder sind es die Meinungen anderer, die dich unter Druck setzen?

Dass dein Sohn nachts ins Elternbett kommt, hat einen guten Grund: Er braucht Nähe und Geborgenheit. Die ist auch für viele Grundschulkinder nachts noch essentiell.

EXTRA-TIPP: DAS FAMILIENBETT

Wenn euer Bett groß genug ist, so dass ihr alle darin Platz habt – umso besser. Doch bevor es zu teuren Neuanschaffungen oder Spezialanfertigungen kommt, weil ihr das Familienbett ausprobieren wollt, gibt es einige Möglichkeiten, gut zu improvisieren, damit es alle bequem haben. Stellt ein weiteres Bett neben das eure. Je nach Größe deines Sohnes kann das ein Kinderbett oder ein schmaleres Modell des Elternbetts sein. Auch zwei Betten in 1,40er- oder 1,60er-Breite lassen sich gut zu einem großen Nachtlager kombinieren. Matratzenkeile – im Fachhandel auch Liebesbrücken genannt – schließen die unangenehme Besucherritze. Seitenschläfer- oder Stillkissen können so manche Lücke ausfüllen oder harte Bettkanten abpolstern.

Ganz egal, welche Lösung ihr für eure Familie, das Einschlafen und den Nachtschlaf findet, sie geht nur euch und eure Bedürfnisse etwas an. Ich hatte einmal eine sehr kluge Ärztin, einen Satz von ihr habe ich tief verinnerlicht: „Wer schläft, hat Recht!“ Also egal wie, es ist euer Weg, über den ihr entscheidet. Gute Nacht!

„Hilfe, da ist ein Monster unter meinem Bett!"

Dein Sohn fürchtet sich vor Monstern, fiesen Piraten und Gruselgestalten, die vornehmlich nachts in seinem Zimmer ihr Unwesen treiben? Vielleicht zögert er deswegen Abend für Abend das Schlafengehen heraus oder weigert sich ganz offen, alleine in seinem Zimmer zu schlafen.

Oft sind wir als Eltern dazu geneigt, unseren Kindern eine allzu blühende Fantasie zu attestieren oder uns Sorgen zu machen, weil sie die buntesten Geschichten ersinnen und erzählen. Jedoch durchleben Kinder etwa ab dem vierten Lebensjahr bis ins Grundschulalter hinein die sogenannte magische Phase. Sie haben schon einige kognitive Fähigkeiten, Erkenntnisse und Wissen über die Welt. Dennoch gibt noch so viele (Wissens-)Lücken, die sie füllen und Erklärungen, die sie sich vorerst selbst liefern müssen. – Da kommt ihnen ihre Fantasie zur Hilfe.

In dieser Phase – insbesondere im Vorschulalter – sind innere Bilder, Fantasiegestalten oder sogar zum Leben erwachte Spielzeuge für deinen Sohn real. Wichtig ist also, dass du ihn und seine Ängste ernstnimmst und sie nicht als übertriebene Fantasie oder Strategie ansiehst, am Abend Zeit zu schinden.

DAS STÄRKT DEINEN SOHN – NIMM SEINE GEFÜHLE ERNST

Mit allen anderen Gefühlen ist es genau so wie mit Schmerzen: Wenn du deinem Sohn sagst, dass es doch eigentlich gar nicht so schlimm ist, oder dass nichts passiert ist, obwohl er gestürzt ist und sich zumindest erschreckt hat, negierst du seine Empfindungen. Das hat nicht nur zur Folge, dass sich dein Sohn nicht ernstgenommen fühlt. Er wird auch beginnen, an den eigenen Empfindungen zu zweifeln und möglicherweise in starke Verwirrung über seine Selbstwahrnehmung zu geraten. Denn wenn dein Sohn sich etwa vor dem Monster unterm Bett fürchtet, dann ist seine Angst erstmal real und tatsächlich vorhanden. Genauso wie der Schmerz oder der Schreck nach einem Sturz. Das solltest du immer ernstnehmen und nicht wegreden. Stattdessen fühlt sich dein Sohn gesehen und in seinen Gefühlen respektiert.

Gib der Angst genug Raum, damit sie verschwindet

Angst ist ein wichtiges menschliches Gefühl, das selbst Erwachsene oftmals nur schwer aushalten können. Es hilft, wenn du dich gemeinsam mit deinem Sohn der Angst stellst und Wege findest, mit ihr umzugehen. Im ersten Schritt gelingt deinem Sohn das, wenn er spürt, dass du ihn ernstnimmst. Du kannst mit ihm darüber sprechen, wie sich die Angst anfühlt und wo im Körper er sie spürt. Das unterstützt ihn dabei, seine Gefühle besser kennenzulernen.

Frag deinen Sohn, wie das Monster aussieht. Vielleicht kann er es dir genau beschreiben oder sogar aufmalen. Oftmals verlieren Dinge schon an Schrecken, wenn es gelingt, ihnen eine Gestalt zu geben.

Dies sind weitere Möglichkeiten, dem nächtlichen Störenfried das Handwerk zu legen:

- Frag deinen Sohn, ob es etwas gibt, dass das das Monster überhaupt nicht leiden kann, vielleicht den Staubsauger, guten Duft oder schöne Musik.
- Vielleicht gibt es jemanden, der deinen Sohn bewachen kann: ein Teddy, vor dem das Monster sich fürchtet, oder ein großer Bagger.
- Gebt dem Monster etwas zum Spielen und womit es sich nachts beschäftigen kann, damit es deinen Sohn nicht erschrecken muss.
- Sucht das Monster möglicherweise nur einen Freund und ein Zuhause?
- Sucht Symbole, die das Monster fernhalten: Superhelden-Bettwäsche, einen magischen Betthimmel, einen Bettvorleger, den es nicht überqueren kann
- Mischt aus Lavendelöl und Wasser Anti-Monsterspray und versprüht es im Zimmer
- Verschiebt das Bett.

Gemeinsame Aktionen helfen in solchen Phasen wesentlich besser, als die Ängste mit Sätzen, wie „Monster gibt es doch gar nicht!“, abzutun, denn für deinen Sohn sind sie gerade real. Geht lieber gemeinsam auf die Suche, malt „Monster verboten“-Schilder und im Zweifelsfall: Teilt für ein paar Nächte das Bett und zeig deinem Sohn, dass er mit seiner Angst nicht allein ist.

NACHWORT

Liebe Jungsmama,
es gibt einen Satz, der mich bereits seit meiner Zwillingsschwangerschaft begleitet, und der mir auch heute immer wieder durch den Kopf geht und mir hilft, nicht zu verzagen, wenn meine Jungs mal wieder wild sind, über Tische und Bänke gehen und geneigt sind, jeden Konflikt mit Stöcken oder Schubsereien zu lösen. Er lautet: „Kinder suchen sich ihre Eltern mit Bedacht aus."

Es spielt in meinen Augen keine Rolle, woran wir glauben, um in diesen Worten etwas Wahres zu sehen. Irgendwie passen sie doch zu uns, diese kleinen Menschen, die uns manchmal schier um den Verstand bringen. Ich werde also aus gutem Grund eine Mutter wilder kleiner Kerle geworden sein. Vielleicht haderst du manchmal damit, eine Jungsmama und deshalb mit dem dazugehörigen Kräftemessen, der Lautstärke und vielen Raufereien konfrontiert zu sein – das ist okay. Wenn du dein Herz offen hältst, dann kannst du jeden Tag mindestens genauso viel lernen wie dein Sohn, auch wenn du dich nicht immer großartig dabei fühlst.

Ich weiß, du gibst jeden Tag dein Allerbestes und noch mehr, um deinem Sohn eine gute Mutter zu sein. Viel mehr als du vermutlich jemals in der Schule oder irgendeinem Beruf gegeben hast. Und auch, wenn dein Kopf dir manchmal etwas anderes erzählt: Es wird reichen. Du wirst ihn stark und einfühlsam und wunderbar machen für dieses Leben, das von wilden Jungs oft so viel Anpassung verlangt. Dafür musst du nicht perfekt, sondern einfach nur du selbst sein. Du bist genau die richtige Mama für deinen Sohn.

Gib auf dich acht! Denke immer daran dir, im übertragenen Sinne, zuerst selbst die Atemmaske aufzusetzen, bevor du anderen hilfst – ich weiß, dieses Zitat aus dem Sicherheitsprogramm von Flugzeugen ist abgegriffen und lässt uns befürchten, egoistisch zu sein. Doch es ist wahr und richtig. Wenn du dich gut um dich kümmerst, hast du auch Kraft für andere – für deinen Sohn, der dich braucht, um mutig und stark in diese Welt hinauszugehen. Dann wirst du die nötige Geduld und Kreativität aufbringen, die wir Jungsmamas oft brauchen, um uns in Gefühlsstürme einzufühlen und unseren energiegeladenen Söhnen den nötigen Raum zu geben, um sich auszutoben.

Du schaffst das!

Alles Liebe
Juli

DANKE

Der allererste Dank gebührt meinem Mann. Nicht nur für die vergangenen Monate des Schreibens, in denen er mein Gesicht in unserer wenigen freien Zeit oftmals nur zur Hälfte gesehen hat. Der Rest war hinter dem Laptop verborgen und anstatt tiefgehende Gespräche zu führen, hörte er Tastaturgeklapper und Seufzen. Danke, dass du mich für diese Zeit entbehrt, ausgehalten und unterstützt hast, aber auch für jeden einzelnen Schritt an meiner Seite.

Ich bin meinen Söhnen über alles dankbar, dass sie mich jeden Tag mein Leben und meine Ansichten hinterfragen lassen und mir die Chance geben, auch noch einmal neu aufzuwachsen. Meine Familie ist mein größtes Geschenk. Danke, dass ich eure Mama sein darf.

Ich danke meinen Lesern auf allen Kanälen und meinen Coachees für ihr Vertrauen und für all das, was jeden Tag zu mir zurückkommt. Ohne euch würde kein Blog der Welt, keine Social-Media-Plattform, kein Seminar und kein Buch Sinn ergeben. Ich erlebe euch so offen, wertschätzend und freundlich. Alles, was wir teilen, ist eine riesige Bereicherung für mein Leben und bereitet mir unfassbare Freude.

Danke außerdem an alle Menschen, die für dieses Buch mit mir gesprochen haben, die mich teilhaben ließen an ihren Erfahrungen und ihrem Familienleben.

Da sind noch weitere Menschen, ohne die es dieses Buch nicht geben würde: Ulla, Mentorin und Verlagsscout in Personalunion. Danke, dass du den Weg so weit mit mir gegangen bist. Danke für den Austausch und all deine Erfahrungen! Außerdem möchte ich mich von Herzen bei meinem Verlag und meinem Programmleiter bedanken:

Ihr habt so geduldig Ideen mit mir entwickelt und mich durch unwegsames Gelände innerer Zweifel chauffiert.

Ebensowenig möchte ich hier meinen Coaching-Geschäftspartner und mein Team unerwähnt lassen, die mich für einige Monate oft mental entbehren mussten, damit ich an diesem Buch schreiben konnte. Danke, dass ihr während dieser Zeit voller Verständnis gewesen seid und mich mitgetragen habt!

Wenn ich nun anfange, einzelne Blogger-Kolleginnen und -Kollegen aufzuzählen, würden unter Garantie Menschen zu kurz kommen. Deswegen ein riesiges Danke an euch alle! Für eure Arbeit, für eure Offenheit, für das tolle Netzwerk, die Unterstützung und fürs Vorbild sein.

MEIN BLOG UND CO.

Die Schwangerschaft mit meinen Zwillingssöhnen fand ich so aufregend, dass ich als Journalistin einfach darüber schreiben musste. Doch es war nicht nur mein Weg, die neuen Ausmaße meines Lebens und meines Körpers zu verarbeiten, ich vermisste auch ein wenig offen gesprochene Worte über Sorgen, Ängste und Stress werdender und gewordener Mütter. Ich merkte schnell, dass der Blog keine Einbahnstraße ist und wir einander durch den ehrlichen, wertschätzenden Austausch viel zu geben haben.

Im Laufe der Monate entwickelte sich daraus der Wunsch, Mamas wirklich nachhaltig zu ermutigen und zu stärken. Ich absolvierte meine Ausbildung zum systemischen Coach und entwickele seitdem Seminare und Events für Mütter, durch die sie den Weg zurück zu ihren Ressourcen finden. Denn wenn wir Strategien haben, die uns als Mamas gleichsam erden und beflügeln, können wir nicht nur gut für unsere Familien da sein: Wir können auch noch unsere eigenen Träume und Wünsche im Blick haben.

Ich sehe und erlebe tagtäglich in meinem Umfeld und in meiner Community, was Eltern tatsächlich sind: Superhelden ohne Cape, die jeden Tag kleine Welten retten. Das ist vielleicht selbstverständlich, doch dürfen wir selbst auch anerkennen, was wir da leisten. Mehr zu mir und meiner Arbeit findest du hier:

Blog: https://doppelkinder.com
Instagram: https://www.instagram.com/juli_scharnowski/?hl=de
Facebook: https://www.facebook.com/Doppelkinder/
Shop: https://doppelkinder.com/mut-couture/
Events: https://www.momtowow.de

LESENSWERTE BÜCHER

Gary Chapman und Ross Campbell: Die 5 Sprachen der Liebe für Kinder: Wie Kinder Liebe ausdrücken und empfangen. Francke 2014.

Danielle Graf und Katja Seide: Das gewünschteste Wunschkind aller Zeiten treibt mich in den Wahnsinn. Der entspannte Weg durch Trotzphasen. Beltz 2019.

Danielle Graf und Katja Seide: Das gewünschteste Wunschkind aller Zeiten treibt mich in den Wahnsinn: Gelassen durch die Jahre 5 bis 10. Beltz 2018.

Nora Imlau: So viel Freude, so viel Wut: Gefühlsstarke Kinder verstehen und begleiten. Kösel 2018.

Jesper Juul: Aggression: Warum sie für uns und unsere Kinder notwendig ist. Fischer 2014.

Herbert Renz-Polster: Menschenkinder: Artgerechte Erziehung – was unser Nachwuchs wirklich braucht. Kösel 2011.

Almut Schnerring und Sascha Verlan: Die Rosa-Hellblau-Falle. Für eine Kindheit ohne Rollenklischees. Kunstmann 2014.

Bibliografische Information der Deutschen Nationalbibliothek
Die Deutsche Nationalbibliothek verzeichnet diese Publikation in der Deutschen Nationalbibliografie; detaillierte bibliografische Daten sind im Internet über http://dnb.ddb.de abrufbar.

ISBN 978-3-8426-1607-3 (Print)
ISBN 978-3-8426-1608-0 (PDF)
ISBN 978-3-8426-1609-7 (EPUB)

3. Auflage

Die Ratgebermarke der Schlütersche Fachmedien GmbH
Hans-Böckler-Allee 7, 30173 Hannover
www.humboldt.de
www.schluetersche.de

Lektorat: Katia Simon, Essen
Covergestaltung: ZERO, München
Coverabbildung: Getty Images/Karina Mansfield, Shutterstock/Natalia Chuen
Satz: PER MEDIEN & MARKETING GmbH, Braunschweig
Druck und Bindung: gutenberg beuys feindruckerei GmbH, Langenhagen

Gedruckt mit mineralölfrei hergestellten Druckfarben und Strom aus erneuerbaren Energien. Die eingesetzten Klebe- und Bindestoffe entsprechen den derzeitigen Umweltstandards, die vom RAL Institut für Gütesicherung und Kennzeichnung geprüft wurden. Die Druckplattenentwicklung erfolgte mit reduziertem Einsatz von Chemikalien.